海外铁路铺架施工技术与管理

张亚舟　贺玉瑞　徐　鑫　编著

中国铁道出版社有限公司

2019年·北　京

内容简介

本书系统性地总结了海外铁路铺架工程中的梁枕预制技术、铺轨架梁技术、公共安全管理、施工进度管理、物资设备管理以及党组织在铺架工作中的先锋模范作用等内容，以质量、进度、安全管控为主线，论述了质量和安全管控方法。

本书可供从事铁路相关专业的科研与技术人员参考使用，也可供高等院校有关专业的教师和学生参考使用。

图书在版编目(CIP)数据

海外铁路铺架施工技术与管理/张亚舟，贺玉瑞，徐鑫编著.—北京：中国铁道出版社有限公司，2019.11
ISBN 978-7-113-26332-4

Ⅰ.①海… Ⅱ.①张…②贺…③徐… Ⅲ.①铁路工程-铺轨-工程施工 Ⅳ.①U215.5

中国版本图书馆 CIP 数据核字(2019)第 234696 号

书　　名：海外铁路铺架施工技术与管理
作　　者：张亚舟　贺玉瑞　徐　鑫

责任编辑：牛泽平　　**编辑部电话：**(010)51873204　　**电子信箱：**syxu99@163.com
封面设计：崔丽芳
责任校对：王　杰
责任印制：赵星辰

出版发行：中国铁道出版社有限公司(100054，北京市西城区右安门西街 8 号)
网　　址：http://www.tdpress.com
印　　刷：北京柏力行彩印有限公司
版　　次：2019 年 11 月第 1 版　2019 年 11 月第 1 次印刷
开　　本：787 mm×1 092 mm　1/16　印张：10.25　字数：263 千
书　　号：ISBN 978-7-113-26332-4
定　　价：50.00 元

编著委员会

主　编： 张亚舟

副主编： 贺玉瑞　徐　鑫

编　委： 董立文　王立刚　张　强　吴振兴　宋照军
王建涛　殷才东　许春雨　宋　涛　梁　盟
陈长忠　井伟文　管　强　刘志强　王　陈
郭　勇　李启发　李维渊　黄永吉　王胜田
黄　佳　谢青春　周庆荣　贾铁程　唐　杨
王　庆　赵建宁　王浩宇　苏　锐

前　言

从建筑业的角度来看，中国企业“走出去”可大致分为三个阶段。第一阶段是输出劳务，这个阶段有将近20年的历史。第二阶段是在20世纪90年代中后期，不仅输出劳务，还输出设备材料，这一时期国内的制造业到了一定水准，能够用符合国外标准的原材料，按照国外的制造标准生产出符合国外标准的产品。第三个阶段也就是现在，在输出资本的同时，输出中国技术、中国标准、中国装备，这也是中国综合实力提高的表现。中国铁路企业“走出去”显然也正处于第三阶段，各铁路企业积极适应铁路发展新潮流、新趋势，加快技术创新，不断提高铁路现代化建造和铁路装备制造水平，大幅提升自身的国际竞争力。

“一带一路”是我国及相关国家难得的发展机遇，铁路建设是“一带一路”倡议中交通基础设施建设的重点优先领域，铁路铺架工作质量的好坏则是铁路能否成功建造的关键一环。在海外铁路铺架施工中，建设者们遇到了各种困难和问题，既有技术上的问题，也有管理中的问题。为了给铁路铺架同行提供借鉴和参考，中交一公局集团总结相关经验教训，编著了本书。

全书共分八章，其中第一章由张亚舟、贺玉瑞负责撰写，第二章由徐鑫、吴振兴负责撰写，第三章由徐鑫、宋照军负责撰写，第四章由张亚舟、贺玉瑞负责撰写，第五章由王建涛、殷才东负责撰写，第六章由许春雨、宋涛负责撰写，第七章由王立刚、梁盟负责撰写，第八章由董立文、苏锐负责撰写。陈长忠、井伟文、张强、管强、刘志强、王陈、郭勇、李启发、李维渊、黄永吉、王胜田、黄佳、谢青春、周庆荣、贾铁程、唐杨、王庆、赵建宁、王浩宇也参加了部分撰写工作。全书由张亚舟负责统稿。本书撰写工作得到了石家庄铁道大学黄守刚的热情帮助，在此表示衷心感谢。

限于编著委员会的水平和能力，书中或有错误和不妥之处，恳请广大读者批评指正。

编著委员会

2019年8月

目　　录

第一章　绪　论

中国铁路建筑企业要积极适应全球经济发展新形势，积极响应并实践“一带一路”倡议，加快技术创新，不断提高铁路产业现代化水平，助力中国铁路标准、中国铁路技术、中国铁路装备“走出去”，在交通基础设施建设方面为“一带一路”域内国家做出应有的贡献。

第一节　“一带一路”背景下铁路“走出去”的战略机遇

一、提出“一带一路”倡议的国内经济背景

“一带一路”重大倡议着眼于实现中国经济持续健康发展，推动与世界各国互利多赢、共同发展。对中国来说，“一带一路”新的开放格局有助于促进国内的区域协调发展。30多年来，我国对外开放主要集中在东部沿海地区，内陆地区尤其是西部地区开放明显滞后。通过“一带一路”建设，有利于优化我国的区域发展布局，推动西部地区实现高质量发展。

“一带一路”还有助于推动中国经济“走出去”。经过几十年的发展，中国积累了丰厚的资本、足量的技术储备、强大的基础设施建设能力，为中国经济“走出去”提供了坚实基础。“一带一路”沿线国家大多数是新兴经济体和发展中国家，对资金、技术、产品需求量大，通过“一带一路”建设，既可以推动中国资本、技术、产能走出去，也符合沿线国家的现实发展需要，可以说，“一带一路”对中国有好处，对沿线国家也有好处，是一个真正的“多赢”。

二、“一带一路”辐射范围

“一带一路”贯穿亚欧非大陆，一端是活跃的东亚经济圈，一端是发达的欧洲经济圈，中间广大腹地国家经济发展潜力巨大。丝绸之路经济带使得中国经中亚、俄罗斯至欧洲（波罗的海）之路畅通；使得中国经中亚、西亚至波斯湾、地中海之路畅通；使得中国至东南亚、南亚、印度洋等线路畅通。21世纪海上丝绸之路重点方向是从中国沿海港口过南海到印度洋，延伸至欧洲；从中国沿海港口过南海到南太平洋。

根据“一带一路”走向，陆上依托国际大通道，以沿线中心城市为支撑，以重点经贸产业园区为合作平台，共同打造新亚欧大陆桥、中蒙俄、中国—中亚—西亚、中国—中南半岛等国际经济合作走廊；海上以重点港口为节点，共同建设通畅安全高效的运输大通道。中巴、孟中印缅两个经济走廊与推进“一带一路”建设关联紧密，要进一步推动合作，取得更大进展。

“一带一路”辐射范围涵盖东盟、南亚、西亚、中亚、北非、东非和欧洲，总人口约占全球的

2/3,GDP 总量约占全球的 1/3。沿线大多数国家明确表示支持和积极参与建设。在国内,“一带一路”重点圈定了西北、东北、西南、沿海共 18 个省、自治区、直辖市。“一带一路”倡议为内陆地区迎来了重大发展机遇。

三、“一带一路”为国内产业带来的发展机遇

“一带一路”愿景可分为远近两大层次:近期着眼于“基建互通、金融互通、产业对接、资源引入”,远期倡议则致力于“商贸文化互通、区域经济一体化和共同繁荣”。“一带一路”将给国内产业发展带来六大主题机遇。其中,通路通航类产业与基础设施类产业受益较大。

1. 通路通航类产业

通路通航类产业包括交通运输业(港口、公路、铁路、物流),铁路建设与相关设备,航空服务、设备、整机生产等。在“一带一路”建设中,交通运输是优先发展领域,以加快提升我国与周边国家交通基础设施的互联互通水平,并形成区域交通运输一体化。

交通运输业(港口、公路、铁路、物流)将直接受益于亚欧交通运输大通道的建成,为带动区域经济发展创造条件,将加快推进公路、铁路、民航、海运等多种运输方式的互联互通,吞吐量将明显提升。连云港至鹿特丹港连通的新欧亚大陆桥,将强化其在国际陆路运输中的骨干作用。中国也将全力打造与我国第三大贸易合作伙伴——东盟地区的海陆空综合交通方式:海上——将中国和东南亚国家临海港口城市串联起来;内河——中国出资澜沧江—湄公河河道建设,打造黄金水道;公路——南(宁)曼(谷)、昆(明)曼(谷)公路已经开通,东南亚正在形成两横两纵的公路通道;铁路——中国计划以昆明和南宁为起点,建设泛东南亚铁路,联系东南亚陆路国家。

交通基础设施建设和运营“走出去”,也将带动铁路建设与相关设备,航空服务、设备及整机生产等产业增长。中国有着丰富的港口基础设施建设和运营经验,铁路建设“走出去”给其他基础设施类公司“走出去”提供了良好样板。同时,“21 世纪海上丝绸之路”沿线的东南亚及南亚国家有着强烈的建设大港口的需求,对于这些领域的优质企业而言,建设和运营“走出去”的市场前景良好。

2. 基础设施类产业

基础设施类产业包含建筑业(建筑及基础设施工程),装备制造业(设备及配套类装备制造),基建材料制造业(钢铁、建材、有色金属等)。

从需求端来看,“一带一路”沿线国家和地区,无论是从国内需求还是未来区域经济合作的角度分析,这些国家对于基础设施建设的需求均极其旺盛。“一带一路”沿线国家由于财政紧张,基建投资支出不足,普遍呈现基础设施落后的现状,人均 GDP、人均公路里程、人均铁路里程等指标均远低于我国。亚洲和非洲的沿线国家较中国分别有 10%和 20%的城镇化提升空间,而中国在自身城镇化过程中累积的大量经验和产品、服务能力可以对外输出。从国内来看,西北部各省区铁路、公路及高速公路密度在全国均排在后面,新疆、青海、甘肃在倒数 5 位之中,宁夏、陕西居于中后段水平,为实现“一带一路”各国间的基建对接,中国西

北部的城市建设、交通运输网络等基建领域投资很有空间。

从供给端来看，伴随着固定资产投资增速下台阶，我国建筑业及制造业产能过剩的问题日趋严重，"基建输出"能够大幅缓解我国建筑业、制造业的产品过剩压力。在"一带一路"倡议大背景下，我国参与设立"金砖国家开发银行"与"亚洲基础设施投资银行"，很大程度上表明了我国加大对外开展基建投资业务的构想。

在"一带一路"倡议政策支持下，对外工程承包施工企业"走出去"能形成较大的出口拉动作用，有效"对冲"国内需求端的下滑，从而带动整个"基础设施产业链"。

"一带一路"周边多数发展中国家由于一定程度上受制于硬件设施，近年经济增长放缓，这些国家基础建设相对落后。以铁路建设为例，多数国家铁路里程与国土面积之比在 1%以下，而欧盟和日本等发达国家普遍在 5%以上。中国在基础设施建设领域资源和经验丰富，不少基建相关行业均处于明显的产能过剩状态。五大产能过剩行业，钢铁、水泥、电解铝、玻璃和船舶的产能利用率均在 80%以下。这些产能一方面需要限产减产，另一方面可以通过增加需求的方式来解决：国内基建是解决产能过剩的途径之一，另一种扩大需求的方式便是扩展海外市场，"一带一路"沿线的周边发展中国家则更符合这方面的需求。

四、铁路是"一带一路"交通基础设施建设的优先领域

"一带一路"建设秉承共商、共享、共建原则。在这个国际框架中，铁路建设与运营管理是重中之重，因此中国铁路"走出去"是重要一环。政治和外交方面，中国铁路"走出去"，积极参与全球铁路通道规划和建设，实现与周边国家互联互通，对维护国家贸易、能源和资源通道安全，推动与邻为善、与邻为伴的睦邻友好和平外交政策具有重要意义。

"中国标准、中国技术、中国装备"走出去是中国铁路全产业链走向世界的核心内容。我国铁路建造技术居于世界前列，施工质量是否达标、施工安全风险是否可控、施工任务是否按期完成，是铁路最终能否按期成功开通运营的关键。

第二节 中国铁路"走出去"现状及趋势

一、国际铁路市场发展趋势

20 世纪 80 年代以来，铁路复兴趋势明显。铁路产业通过加大技术创新、管理创新、体制创新力度，以干支分离、客货分离、投资多元化、经营市场化、客运高速化、货运重载化等方式开启了交通运输的新时代。与低谷时期的 1980 年相比，世界铁路网结构优化，质量有了新的提高，电气化铁路明显增加；客运量增势明显，货运量实现较大回升；基础设施投资规模持续增长，前景光明。

二、国际铁路建筑市场区域分布及市场需求特点

当前，铁路发展相对落后、资源丰富的亚、非、拉美等广大发展中国家把铁路列为发展交

通运输的优先项目。发达和较发达国家铁路项目主要体现为地铁、城市轨道、高速铁路；欠发达国家铁路项目主要体现为既有线改造、升级，新建复线等；而铁路运营管理能力差的国家，大多提出特许经营一揽子工程。

（一）泛亚铁路

2006年11月6日，联合国经济和社会理事会在韩国釜山举行会议，来自亚太地区62个国家的41名交通部门主管，以及来自各国主要交通和物流企业的4 300名代表出席了会议。这次会议的最大成果是签署了《泛亚铁路政府间计划协议》，这意味着筹划了40多年的亚洲国际铁路网有望成为现实。

构想中的泛亚铁路网将包括四个部分：北部走廊、南部走廊、印度—中国和东盟国家走廊以及南北走廊。其中，北部走廊将跨越朝鲜半岛、俄罗斯、中国、蒙古和哈萨克斯坦；南部走廊将从中国南部经缅甸、印度、伊朗到达土耳其；而南北走廊将把俄罗斯、中亚和波斯湾的南北区域连接起来；东盟走廊则将成为连接其东盟成员国和印度、中国的桥梁。泛亚铁路将给从事铁路承包的公司带来短期和远期的机遇。

中国与中亚五国经济互补性强，交通领域合作卓有成效。中国将开建中国—吉尔吉斯斯坦—乌兹别克斯坦铁路，构筑并完善新亚欧大陆桥南部通道，形成东亚、东南亚通往中、西亚和欧洲的便捷运输通道。哈萨克斯坦正致力推动跨亚欧大陆运输走廊计划，已向日本推荐了国家铁路改造项目；土库曼斯坦、哈萨克斯坦、俄罗斯三国已对沿里海东岸铁路建设计划进行了初步探讨。

亚洲市场是中国对外承包工程的主战场之一。泛亚铁路的规划，印尼的灾后重建、基建招标项目，越南的南北铁路高速铁路项目，孟加拉国的铁路现代化改造，泰国地铁等项目，都使得东南亚铁路市场充满广阔的发展空间。中国铁路企业已具有了一定的市场基础，但在越南等重点市场上与日本等国仍在进行激烈竞争。

巴基斯坦政府近年来逐步加大对铁路领域的投入，并在《2030年远景规划》中确立了“使铁路运输系统成为巴基斯坦主要运输方式、逐渐实现盈利、推动国家经济发展”的目标。为此，联邦政府计划在2005～2010年的5个财政年度里累计拨款10亿美元，对铁路进行改造，以不断提高运力。巴基斯坦铁路现代化建设为中国企业带来了商机。

（二）非洲铁路

2004年非洲铁路联盟第29届大会的主题为“提高铁路的效率，为非洲的发展和经济一体化服务”。大会认为，非洲大陆幅员辽阔，与其他交通运输工具相比，铁路是促进经济和社会发展的具有重大意义的工具。代表们建议：目前非洲大陆铁路总长仅8万～9万公里，应该充分考虑内陆国的需要，增加对铁路的投资，并制定合理的投资政策；加速非洲铁路设施的现代化和标准化进程，提高效率和竞争力，为非洲铁路的一体化打下基础。

目前，非洲地区经济比较落后，发展也不平衡，已成为对外承包工程增长最为迅速的市场。虽然非洲各国政治、经济、社会发展的具体情况各不相同，但求和平、要稳定、谋发展是其共同心愿，对丰富矿产资源的积极开发是非洲市场突出的新特点。在铁路交通等基础设施建设方面，非洲各国打破传统铁路项目建设的理念，从自筹资金发展为以吸引外资、低息贷款、他国捐赠、特许经营等方式发展铁路运输。

（三）中东地区

中东地区的重要性体现在两个方面：地理位置和石油。中东地区是东西方国家融会之地，同时连接两洋四海三大洲，其地位不言而喻。欧亚铁路网建成后，中东将成为通往非洲的主要通道，中东铁路网的分布和建设在世界铁路网中起着关键性的连接作用。

中东地区石油储量占了全世界的60%，充足的能源储备保障了大型铁路项目的资金来源。目前落后的中东地区铁路网已经与其经济发展速度不协调，沙特、叙利亚、埃及、伊朗等国已经着手新建区间铁路和城市铁路，并对既有铁路线进行升级改造。同时，部分中东国家丰富的矿产资源也是新的开发方向，大型矿产铁路运输线也列入沙特、叙利亚等中东国家的重点开发计划。

（四）拉美市场

拉美地区自然资源丰富，具有很大的发展潜能。经济持续增长，贸易日趋繁荣，带动了该地区基础设施和资源开发类项目的开发，铁路市场潜力巨大。

（五）中东欧市场

欧盟东扩促进了中欧和东欧的经济发展，带动了建筑工程市场的兴旺。欧盟将帮助新成员国改善基础设施状况并使其达到欧盟标准。欧洲铁路已经突破国界，向路网化、国际化方向发展。

此外，西欧、北美及日本等发达国家铁路项目主要体现为地铁、城市轨道、高速铁路，并制定了促进铁路发展的新政策，以保持其铁路产业的世界领先水平。

三、中国铁路企业"走出去"的区域市场举措

国际铁路市场环境表明，发达和较发达国家铁路项目主要体现为现汇招投标的城市轨道和高速铁路；欠发达国家铁路项目主要体现为需要企业融资参与的既有线改造、升级，新建复线等；而铁路运营管理能力差的国家，多提出特许经营一揽子工程要求。根据中国铁路产业的发展现状和未来趋势，发展中国家的资源型铁路、长大干线、城市轨道及其整车市场应是中国铁路企业"走出去"的首要项目载体，发达国家客货车辆及其零部件市场是中国轨道交通装备制造业渠道创新的重点。因此，中国铁路企业"走出去"的总体区域市场举措应为：巩固并发展亚洲、非洲市场，重返并扩大中东市场，开拓拉美，跟踪并逐步进入欧洲、北美、澳新等发达国家市场。

四、近年来承建的海外铁路

2006年以来，我国已经承建了数十个海外铁路项目，其中大部分已经通车运营，部分在建中，具体见表1—1。其中委内瑞拉高铁项目因委内瑞拉经济形势恶化而停建，马来西亚

马东铁路因国家财政困难而出现反复，其他在建项目都比较顺利。近两年已经成功通车运营的有肯尼亚蒙巴萨到内罗毕的蒙内铁路、内马铁路一期、埃塞俄比亚到吉布提的亚吉铁路。

表 1—1　2006 年以来部分海外铁路项目清单（根据资料整理，其中变化较多，仅供参考）

铁路名称	总里程	总投资	涉及国家	动工时间	竣工时间	正线数目	设计速度	牵引种类	采用标准
雅万高铁	150 km	55 亿美元	印尼	2014 年 1 月	2019 年初	双线	350 km/h	内燃牵引	中国标准
迪阿铁路	462.27 km	75 亿美元	委内瑞拉	2014 年 4 月	—	双线	客运 220 km/h、货运 120 km/h	电力牵引	中国标准
蒙内铁路	480 km	38 亿美元	肯尼亚	2014 年 9 月	2017.05.31	单线	120 km/h	内燃牵引	中国标准
内马铁路	487.5 km，第一期 120.4 km	14.8 亿美元	肯尼亚	2016.11.19	2019.9.30	单线	客车 120 km/h、货车 80 km/h	内燃牵引	中国标准
匈塞铁路	350 km	28.9 亿美元	匈牙利、塞尔维亚	2017.11.28	最迟在 2023 年底完成	双线	200 km 以上/时	电力牵引	中国标准
马东铁路	688 km	110 亿美元	马来西亚	2017 年	—	双线	客车 160 km/h、货车 80 km/h	电力牵引	中国标准
亚吉铁路	751.7 km	40 亿美元	埃塞俄比亚、吉布提	2014 年 5 月	2016.10.05	双线	120 km/h	电力牵引	中国标准
阿卡铁路	186.5 km	8.5 亿美元	尼日利亚	2013.2.19	2016 年 7 月	单线	150 km/h	内燃牵引	中国标准
拉伊铁路	156.08 km	15.81 亿美元	尼日利亚	2017.03.07	2020 年 3 月	双线	150 km/h	内燃牵引	中国标准
斯里兰卡南部铁路	全程 127 km，一期工程 26.75 km	一期工程 2.78 亿美元	斯里兰卡	2013 年 8 月	2019.01.06 一期项目通车	单线	120 km/h	内燃牵引	英国标准
尼日利亚沿海铁路项目	1 402 km	119.7 亿美元	尼日利亚	2017 年 3 月	—	单线	120 km/h	电力牵引	中国标准
阿尔及利亚铁路	55 km	7 亿欧元	阿尔及利亚	2009 年 7 月	2018.6.22	双线	客车 160 km/h、货车 100 km/h	内燃电力牵引组合	欧洲标准
本格拉铁路	1 344 km	18.3 亿美元	安哥拉本格拉	2008 年 8 月	2014.08.13	单线	90 km/h	内燃牵引	中国标准
中泰铁路	867 km	233 亿美元	泰国	2017.12.21	2021 年	双线	250 km/h	内燃牵引	中国标准
中老铁路	418 km	68 亿美元	老挝	2016.12.25	2020 年	单线	客运 160 km/h、货运 120 km/h	电力牵引	国际标准
麦加高铁	450 km	78.7 亿美元	沙特阿拉伯	2009 年	2018.09.14	双线	360 km/h	电力牵引	中国标准

续上表

铁路名称	总里程	总投资	涉及国家	动工时间	竣工时间	正线数目	设计速度	牵引种类	采用标准
伊安高铁	533 km	12.7亿美元	土耳其	2008年9月	2014.7.25	双线	250 km/h	电力牵引	欧洲标准
两洋铁路	5 000 km	600亿美元	巴西、秘鲁	—	—	—	—	—	—
莫斯科—喀山高铁	770 km	24亿元	俄罗斯	—	—	双线	400 km/h	—	—
麦加轻轨铁路	18.25 km	17.73亿美元	沙特阿拉伯	2009年2月	2010.11.14	双线	100 km/h	电力牵引	美国标准
美国西部快线高铁	370 km	127亿美元	美国	2016年9月	2016年6月美国单方面爽约,交涉中	—	240 km/h	电力牵引	—
拉合尔橙线轻轨	26 km	16亿美元	巴基斯坦	2015年4月	2018.06	单线	80 km/h	电力牵引	中国标准

第三节 海外铁路属地化铺架特点

一、铺架施工在铁路建设中的地位

一般来讲,铁路工程施工合同中要求的通车期限,是整条铁路竣工交付期限。线路中所有标段以及各类施工工程部必级以此期限为准,合理安排工期。在铁路建设各类工程中,铺架施工具有突出和特殊的地位,它是整条线路建设过程中一个非常重要的里程碑。在全线施工进度计划安排中,铺轨是决定所有“线下工程”工期的限制线,也是考量控制工程工期上有无困难,是否需要提早开工的主要标准。铺轨工程对于降低工程成本和“线上工程”的加速施工具有重要作用,因为新线一经铺架,就可以运行工程列车,工程材料、机具设备和施工给养等方面的运输费用就可以大大降低。同时,在开通工程列车运输的同时,也能开办临时客货运业务,提早发挥新线的经济效益和社会效益。

铺架工期的安排,需要综合考虑线下工程竣工时间、沉降变形评估时间、铺架准备时间等。“线下工程”竣工后,应进行沉降评估;路基、桥涵沉降变形观测期不应少于6个月,隧道不应少于3个月;沉降评估合格后,方可进行铺架施工。对于重点土石方、特大桥、高桥及长大隧道等控制性工程必须提早开工,安排好施工顺序,加强组织措施,提供一切保证条件,从而使其不致影响铺架的连续作业,避免临时绕行。

二、国内铁路铺架施工特点

1. 质量标准高

普速铁路、快速铁路竣工时一般应满足旅客列车设计行车最高速度120 km/h、160 km/h、200 km/h的要求,高速铁路则应满足250 km/h、350 km/h的要求,无论是哪种铁路,一般都是一次铺设跨区间无缝线路，对线路质量要求很高。

2. 施工延展里程长，安全与质量管控难度大

铁路铺架工程项目，延展里程往往达到数十甚至数百公里，流动性很大，安全风险与质量风险点很多，管控难度很大。

3. 配合协调多

铺架工程施工与线下工程、四电施工、桥梁预制等施工单位的协调配合很多。轨料进场、与营业线交叉（或邻近）时，还需要与铁路局工务、电务、水电、车务、各站段区所等单位有较多的协调配合，需与各相关单位签订安全协议及委托施工协议。

4. 施工环节多、工期紧

有砟、无砟轨道变换频繁，铺轨装备、工艺需要随之调整，无形中占用了较多的时间，对工期控制造成了较大影响。无缝线路铺架工程施工环节较多，从梁体架设、轨道铺设、现场焊轨及应力放散、钢轨打磨和质量检测，整个施工工艺复杂且环环相扣。

目前，无论是传统的有砟轨道，还是适合于列车高速运行的无砟轨道，都是一次性铺设无缝线路，一般采用拖拉或推送 500 m 长轨的施工方法。长轨铺设后，如果上砟整道不及时，易造成胀轨跑道，危及工程列车运行安全。为避免温高时线路失稳、温低时断轨，起拨道作业轨温必须在规范允许的范围之内，使得锁定作业时间受限。

5. 有砟轨道所需道砟砟源短缺，需要提前生产并储存道砟

道砟主要包括特级道砟和一级道砟。特级道砟清洁度、级配、针片状等技术指标要求高，砟源短缺。在当前国家环保压力形势下，道砟生产厂家必须在各局集团公司名录之中，因此，需要提前生产才能满足铺轨要求。提前的时间应根据砟源情况和需求量计算确定。

6. 梁体架设安全风险高

在传统的 T 梁架设施工中，在移梁、运梁、架梁等环节存在倾覆等高风险；在箱梁架设中，高风险则主要集中在运梁和架梁环节。这些高风险必须加以重点控制。

三、国外铁路铺架施工新要求

随着我国铁路技术向国外拓展，研究适合于特殊社会环境、政治环境和自然环境的铁路铺架基地布置、梁体预制与架设、轨枕预制与轨排组装、轨道铺设等方案、技术，成了摆在我国铁路铺架施工企业面前的一大任务。

1. 原材料与国内可能存在较大差异，新材料、新工艺、新技术、新设备的研发成为施工单位的一大要务。

世界各地与国内的原材料往往有较大的差异，以混凝土原材料为例，粗骨料、细骨料、水泥，甚至包括水，都存在一些差异。以肯尼亚蒙内铁路梁体预制、轨枕预制等所需的石材为例，当地只有多孔火山岩可以采用，这就要求施工单位对采用多孔火山岩制造预应力混凝土梁、预应力混凝土轨枕所可能产生的安定性进行研究，对因采用多孔火山岩而造成的构件多

孔而可能引起冻裂和耐久性问题进行研究，对混凝土的消泡技术进行研究，对多孔火山岩预制梁的制造技术和多孔火山岩轨枕预制技术进行研究。

2. 跨文化风险高可能带来很多的安全隐患和暴力事件。

在国外进行铁路铺架施工，尤其是在多民族(部族)的国家或地区进行施工，因铁路延展里程长，铺架可能要经过多个部落地区，各部落可能宗教信仰、风俗习惯、思维方式、语言文字、沟通方式等不同，造成中外文化之间的差异，并由此导致文化冲突和文化风险，致使铁路铺架项目受阻。如何有效地解决文化差异带来的矛盾，规避文化风险，实现跨文化融合，从而顺利完成铁路铺架项目，是国外铁路铺架工程领域的一个新兴课题。

3. 国外铁路铺架施工的建设管理面临新的要求。

铁路建设项目向国外发展对铺架施工提出了新的要求，我们必须更新建设观念，从设计标准、建设工期、建设管理制度、施工质量控制等方面彻底更新观念，需要建立匹配的设计标准，针对国外的实际情况确定合理的建设工期，落实严密的建设管理制度。在建设管理方面，需要有合理的建设工期、高素质的建设管理队伍、客观务实的建设管理观念和严密的建设管理制度。在施工质量控制方面，需要有满足运营需求的质量控制标准、高素质的施工队伍和施工监理队伍、严格的质量控制程序和制度，有先进、科学的施工方法。而这正好与铁路项目属地国家当地员工文化水平较低的情况相矛盾。

4. 解决铁路铺架线长点多与安保任务重之间的矛盾成为摆在施工企业面前的一道难题。

在政治、安全环境影响较大的国家进行铁路铺架施工，存在一大矛盾，那就是铁路线长点多，这使得安保力量分散，公共安全管理难度大。

5. 法律法规与标准风险高

我国是大陆法系国家，但是世界上其他比较发达的国家多数是普通法国家，而那些曾经是发达国家殖民地的发展中国家，也往往继承了普通法的传统。普通法系国家的法律传统与我国存在比较大的差异。

国外建设项目涉及的法律比较多，可能涉及合同法、建筑法、土地管理法、税法、劳动法、环保法、知识产权法等诸多法律法规。在一些发达国家，法律在环保、劳工方面的要求十分严格，稍有不慎，就可能触碰法律红线。不同国家对工程承包市场准入往往有不同的法律规定。这些法律法规的差异性，给国外铁路铺架项目带来了严峻的考验。

国外铁路采用标准较多，有的国家要求必须采用欧洲标准，有的国家要求采用自己的标准，有的则同意采用中国标准。当采用非中国标准时，国内已经很成熟的铁路铺架技术运用到这些国家，就可能存在不适应的问题。

四、梁枕预制原材料新难题

在我国铁路铺架工程技术走出去的过程中，对于有砟轨道和预制梁，为实现其属地化并降低建造成本，其轨枕、梁体一般采用当地预制的方案。为带动当地经济发展与就业等考虑，凡是能用当地原材料的，尽可能使用当地原材料。

从我国海外工程建造经验来看，无论在哪个国家建造铁路，都必然存在当地原材料是否适用于、如何适用于我国现行施工工艺、工法等难题。在铺架技术方面来看，以轨枕预制、梁体预制所需原材料问题最为突出。

以肯尼亚蒙内铁路、内马铁路为例，其经行区内主要分布橄榄玄武岩（绿色，斑状结构，杏仁构造，主要矿物组成为斜长石、辉石、橄榄石，有气孔和少许杏仁石）、玄武岩（以灰黑色、灰褐色为主，普遍具气孔及杏仁状结构，块状构造，石质坚硬）、凝灰岩（浅黄色、灰白色，成岩作用差，有层理）、页岩（灰白色、灰色、灰黑色，页理发育）、石灰岩（青灰色，厚层状构造。强风化层厚 1～8 m）、砂岩（深灰色，粉细粒结构，厚层状构造，泥质胶结为主，局部为钙质胶结，全风化层厚 5～15 m）。

经过肯尼亚新建蒙内铁路、内马铁路区内的岩石进行强度试验，结合区内的岩石分布，只能采用含有气孔结构的玄武岩，即多孔火山岩（图 1—1）。

图 1—1　多孔火山岩样本

目前，多孔火山岩已经扩展到建筑领域，用于建筑物的外墙板、楼板、屋面板、屋面保温层、隔热层、小型空心砌块、耐热混凝土、水泥活性混合材料、配制无熟料水泥、建筑物饰面料、隔音保温材料、轻质混凝土如抹灰泥、装饰板填料。多孔火山岩在承重构件如桥梁构件方面已经有所应用。

由于多孔火山岩存在大量气孔，形状各异，有圆形、椭圆形、圆柱形和其他不规则形。气孔大小一般为几毫米，有的达几十毫米。采用这种多孔火山岩作为轨枕粗骨料，可能存在以下 4 个方面的问题：

（1）如果孔洞被砂浆所填充，则混凝土强度高、耐久性好；但如果孔洞未被砂浆填充（或未被完全填充，这种情况在机制砂作为细骨料时更为严重），尽管火山岩的强度高，但其与砂浆接触界面可能发生破坏；

（2）多孔火山岩的未被砂浆完全充填之气孔，为应力集中之处，若这种气孔正好处在轨枕、梁体的一些关键受力部位，就成为了疲劳源，在列车动荷载的反复作用下，可能造成轨枕、梁体的疲劳裂损；

（3）多孔火山岩吸水率强，容易导致碎石周围砂浆缺水影响到砂浆强度，进一步影响到混凝土轨枕的强度和耐久性；

（4）多孔火山岩骨料孔隙内部气体会在后期振捣时逸出，在混凝土表面形成气孔，影响外观质量，进一步会影响到轨枕的耐久性。

更为关键的是，肯尼亚当地的减水剂、水泥、粉煤灰以及细骨料可选择性小，这给轨枕、梁体混凝土配合比设计带来了更大的难题。

经现场的轨枕、梁体试制，若按照常规的混凝土技术，采用肯尼亚当地材料制备的轨枕、梁体混凝土表面气孔较多，难以符合我国轨枕、梁体预制质量要求。

对此，根据现场实际情况，应从混凝土配合比、外加剂选择等技术手段，并通过混凝土制备成型工艺优化，达到改善混凝土表面外观质量的目的。

第二章　机制砂 T 梁预制技术

在长桥或高架桥桥梁架设中，采用“工厂集中预制，架桥机架设”的施工工艺，这是最经济的方法。“一带一路”沿线国家，绝大多数都是发展中国家，铁路不太发达。铁路运输是货运的主要形式，一般来说以建设普速铁路为宜。在我国，普速铁路一般采用 T 梁，目前已有肯尼亚的蒙内铁路和内马铁路、埃塞俄比亚到吉布提的亚吉铁路采用我国铁路的 T 梁标准。

T 梁预制在国内已经是非常成熟的技术，但是，各国的原材料往往有较大的差异，以混凝土原材料为例，粗骨料、细骨料、水泥，甚至包括水，其性能都有所不同。有时，当地缺乏建筑材料，尤其是缺乏沙石料，会给 T 梁混凝土质量控制带来困难。

本章以肯尼亚内马铁路为例，因当地缺乏河沙，施工单位通过科学试验，用机制砂代替河沙作为混凝土细骨料，下面从机制砂混凝土试验、机制砂 T 梁预制工艺、机制砂 T 梁预制质量控制三个方面来介绍 T 梁预制关键技术。

第一节　混凝土试验研究

一、机制砂混凝土试验

(一)混凝土原材料及试验方法

1. 水泥

水泥采用拉法基(Bamburi)水泥厂生产的 CEMI52.5 和 CEMI42.5 水泥，生产执行的标准为 EN197-1，性能见表 2—1。

表 2—1　试验用水泥性能

序号	检测项目		P.I 52.5 水泥标准	检测结果
1	细度	80 μm 筛余(%)	≤10.0	1.25
		比表面积(m^2/kg)	300～350	320
2	标准稠度(%)		—	26.7
3	密度(g/cm^3)			3.12
4	烧失量(%)		≤3.0	1.04
5	SO_3 含量(%)		≤3.5	2.46
6	MgO 含量(%)		≤5.0	1.64

续上表

序号	检测项目		P. I 52.5 水泥标准	检测结果
7	Cl^- 含量(%)		≤0.06	0.03
8	游离 CaO 含量(%)		≤1.0	0.82
9	碱含量(%)		≤0.60	0.44
10	凝结时间(min)	初凝	≥45	155
		终凝	≤600	255
11	安定性		合格	合格
12	抗折强度(MPa)	3 d	≥4.0	6.9
		28 d	≥7.0	9.7
13	抗压强度(MPa)	3 d	≥23.0	27.2
		28 d	≥52.5	55.2

2. 粉煤灰

采用印度 I 级粉煤灰，其性能见表 2—2。

表 2—2　印度 I 级粉煤灰物理力学性能指标

序号	检测项目	技术指标要求		检测结果
		C50 及以上	C50 以下	
1	细度(45 μm 筛余,%)	≤12	≤25	10.1
2	含水率(%)	≤1.0		0.96
3	需水量比(%)	≤95	≤105	85
4	烧失量(%)	≤5.0	≤8.0	1.45
5	Cl^-(%)	≤0.02		0.02
6	SO_3(%)	≤3.0		0.22
7	CaO 含量(%)	≤10		2.23
8	游离 CaO 含量(%)	≤1.0		0.56

3. 机制砂

由 Suswa 碎石场生产机制砂，为对比石粉含量对混凝土性能的影响，采用三个不同石粉含量的机制砂，石粉含量分别为 3.2%、6.1%、10.0%，MB 值均小于 1.4，性能见表 2—3，级配见图 2—1。

表 2—3　DK143 料场机制砂性能

序号	技术指标	技术要求			结　果
		<C30	C30～C50	≥C50	
1	泥块含量(%)	≤0.5			0.4

续上表

序号	技术指标		技术要求			结　果
			<C30	C30～C50	≥C50	
2	坚固性(%)		≤8			5
3	Cl^- 含量(%)		≤0.02			0
4	吸水率(%)		≤2			1.6
5	硫化物和硫酸盐含量(%)		≤0.5			0.03
6	有机物含量		浅于标准色			合格
7	轻物质含量(%)		≤0.5			0.1
8	压碎值(%)		<25			5
9	细度模数					
10	*MB* 值					1.1
11	石粉含量(%)	*MB*<1.4	≤10.0	≤7.0	≤5.0	
		MB≥1.4	≤5.0	≤3.0	≤2.0	

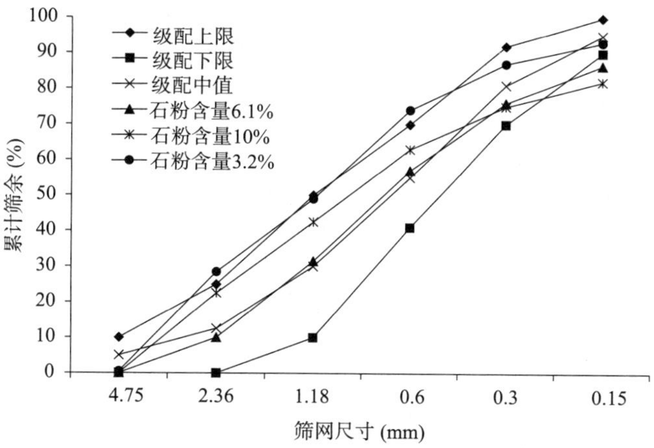

图 2—1　不同石粉含量的机制砂级配

4. 碎石

由 Suswa 碎石场生产 5～20 mm 连续级配碎石，岩性为玄武岩，母材强度 160 MPa，碱活性合格(砂浆棒膨胀率 0.02%)，性能见表 2—4，级配见图 2—2。

表 2—4　DK143 料场碎石性能

序号	技术指标	技术要求			结　果
		<C30	C30～C50	≥C50	
1	表观密度(kg/m^3)	≥2 600			2 840
2	堆积密度(kg/m^3)	≥1 500			1 680

续上表

序号	技术指标		技术要求			结　果
			<C30	C30～C50	≥C50	
3	紧密堆积孔隙率(%)		≤40			40
4	含泥量(%)		≤1.0	≤1.0	≤0.5	0.6
5	泥块含量(%)		≤0.2			0.1
6	针片状含量(%)		≤10	≤8	≤5	6
7	坚固性(%)		≤8(预应力结构≤5)			4
8	吸水率(%)		≤2(冻融破坏环境≤1)			1.6
9	硫化物和硫酸盐含量(%)		≤0.5			0.3
10	Cl^-含量(%)		≤0.02			0.01
11	压碎值(%)					5
12	筛孔尺寸(mm)	19.0	16.0	9.5	4.75	2.36
	标准要求	0～10		40～80	90～100	95～100
	累计筛余	2		68	94	100

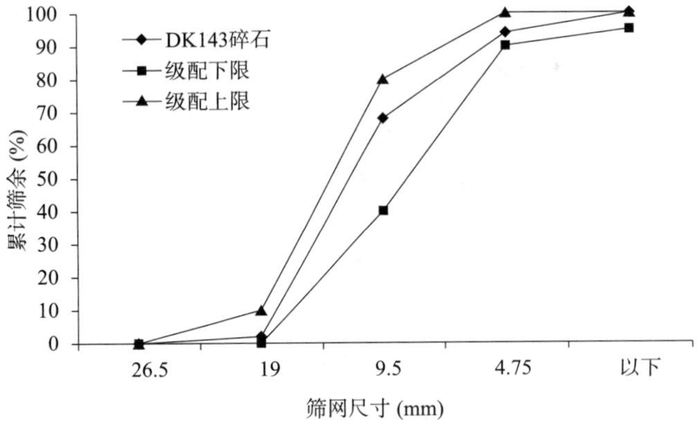

图 2—2　DK143 碎石级配

5. 减水剂

采用北京交通厚德有限公司聚羧酸系高性能减水剂(标准型),性能见表 2—5。

表 2—5　聚羧酸减水剂性能

序号	测试内容	标准要求	检测结果
1	减水率(%)	≥25	29
2	泌水率比(%)	≤20	0
3	压力泌水率比(%)	≤90	57

续上表

序号	测试内容		标准要求	检测结果
4	含气量(%)		≤3.0	2.7
5	凝结时间(min)	初凝	−90～+120	+30
		终凝	−90～+120	+60
6	抗压强度比	1 d	≥170	181
		3 d	≥160	167
		7 d	≥150	150
		28 d	≥140	147
7	坍落度 1 h 经时变化(mm)		≤80	50
8	收缩率比(%)		≤110	103
9	对钢筋锈蚀作用		无锈蚀	
10	密度($g \cdot cm^{-3}$)		—	
11	碱含量(%)		≤10	1.37
12	氯离子含量(%)		≤0.6	0.32
13	硫酸钠含量(%)		≤5.0	1.42
14	固含量(%)		—	30

6. 水

用水采用 Naivasha 湖水，性能见表 2—6。

表 2—6　试验用水性能

序　号	检测内容	标准要求	检测结果
1	pH 值	>6.5	6.9
2	不溶物含量	<2 000 mg/L	82
3	可溶物含量	<2 000 mg/L	40
4	氯化物含量	<350 mg/L	86.72
5	硫酸盐含量	<600 mg/L	114
6	碱含量	<1 500 mg/L	135
7	抗压强度比	≥90%	95
8	凝结时间差	≤30 min	15

混凝土工作性能按照《普通混凝土拌和物性能试验方法标准》(GB/T 50080—2002)进行测试；混凝土力学性能按照《普通混凝土力学性能试验方法标准》(GB/T 50081—2002)方法进行测试。混凝土耐久性按照《普通混凝土长期性能和耐久性试验方法标准》(GB/T

50082—2009)方法进行测试。

(二)机制砂T梁混凝土工作性和力学性能试验

1. 胶凝材料体系优化

根据机制砂含有一定量的石粉、颗粒，表面较粗糙的特点，优化胶凝材料体系，试验配合比见表2—7，混凝土抗压强度见表2—8和图2—3。由表2—8试验结果可知，随着胶凝材料用量的增加和水胶比的降低，混凝土各龄期抗压强度均增加，28 d龄期时，三个胶凝材料用量的混凝土强度均满足C55混凝土的设计要求，考虑强度要一定的富余及成本，推荐胶凝材料用量480 kg/m^3，水胶比0.30。

表2—7 胶凝材料体系变化T梁混凝土配合比

编号	水胶比	胶凝材料用量(kg/m^3)	水泥(kg/m^3)	粉煤灰(kg/m^3)	砂(kg/m^3)	碎石(kg/m^3)	水(kg/m^3)	减水剂(kg/m^3)
LJ-1	0.31	465	388	77	752	1129	144	5.58
LJ-2	0.30	480	400	80	746	1120	144	5.76
LJ-3	0.29	495	412	83	740	1110	144	5.94

表2—8 胶凝材料体系变化T梁混凝土抗压强度

编号	抗压强度(MPa)				
	1 d	3 d	7 d	14 d	28 d
ZJ-1	26.7	43.4	54.1	62.8	70.6
ZJ-2	31.6	45.6	58.6	65.8	72.2
ZJ-3	32.2	49.3	59.4	64.3	74.9

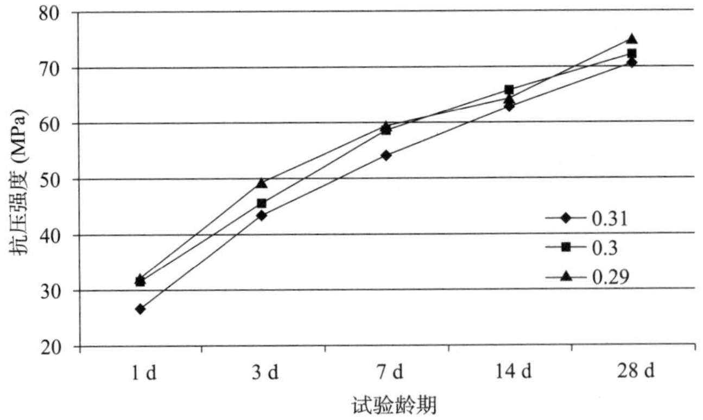

图2—3 不同胶凝材料T梁混凝土的抗压强度

2. 粉煤灰掺量的影响

保持胶凝材料总量不变，调整粉煤灰掺量，试验不同粉煤灰掺量对T梁用机制砂混凝土性能的影响，试验配合比见表 2—9，混凝土抗压强度见表 2—10 和图 2—4。由表 2—10 试验结果可知，在水胶比固定条件下，粉煤灰等量取代水泥，混凝土抗压强度随粉煤灰取代率的增加而降低，早期抗压强度下降幅度较大，28 d 抗压强度下降幅度较小。

表 2—9　不同粉煤灰掺量 T 梁混凝土配合比

编号	粉煤灰掺量(%)	水泥(kg/m³)	粉煤灰(kg/m³)	砂(kg/m³)	碎石(kg/m³)	水(kg/m³)	减水剂(kg/m³)
LJ-4	11	424	56	746	1120	144	5.76
LJ-2	16	400	80	746	1120	144	5.76
LJ-5	21	376	104	746	1120	144	5.76

表 2—10　不同粉煤灰掺量 T 梁混凝土抗压强度

编号	抗压强度(MPa)				
	1 d	3 d	7 d	14 d	28 d
LJ-4	35.2	49.8	60.3	69.3	75.7
LJ-2	31.6	45.6	58.6	65.8	72.2
LJ-5	25.3	41.2	55.7	64.2	73.1

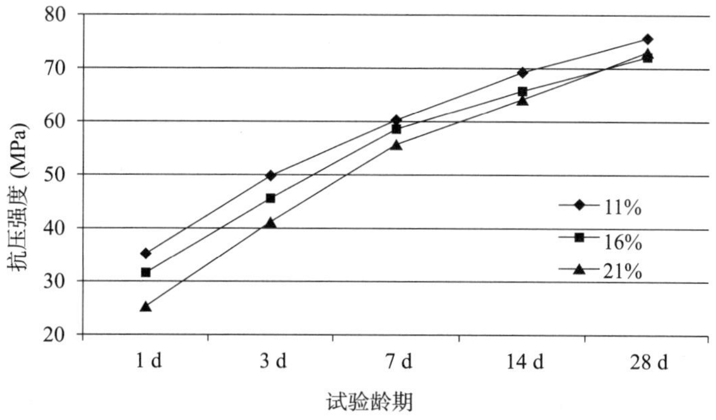

图 2—4　不同粉煤灰掺量 T 梁混凝土的抗压强度

3. 砂率的影响

鉴于机制砂含有石粉且细度模数偏大，考虑适当提高砂率，试验不同砂率对梁机制砂混凝土性能的影响。试验配合比见表 2—11，混凝土抗压强度见表 2—12 和图 2—5。由表 2—12 试验结果可知，砂率对混凝土抗压强度具有一定的影响，砂率在 36%～44% 之间，抗压强度均满足 C55 混凝土的设计强度，砂率 36%、38%时混凝土轻微泌水及流动性稍差，砂率 40%～44%混凝土状态较好，在混凝土工作性满足要求的情况下，砂率推荐下限。

表 2—11　不同砂率 T 梁混凝土配合比

编号	砂率	水泥(kg/m³)	粉煤灰(kg/m³)	砂(kg/m³)	碎石(kg/m³)	水(kg/m³)	减水剂(kg/m³)
LJ-6	0.36	400	80	672	1 194	144	5.76
LJ-7	0.38	400	80	709	1 157	144	5.76
LJ-2	0.40	400	80	746	1 120	144	5.76
LJ-8	0.42	400	80	784	1 082	144	5.76
LJ-9	0.44	400	80	821	1 045	144	5.76

表 2—12　不同砂率 T 梁混凝土抗压强度

编号	抗压强度(MPa)					坍落度(mm)	工作性描述
	1 d	3 d	7 d	14 d	28 d		
LJ-6	29.2	49.1	57.8	67.2	74.1	160	轻微泌水
LJ-7	32.1	47.4	55.6	64.1	75.1	160	流动性偏差
LJ-2	31.6	45.6	58.6	65.8	72.2	170	黏聚性好、流动性好
LJ-8	28.4	46.2	53.1	62.3	72.7	170	黏聚性好、流动性好
LJ-9	25.3	44.9	52.3	61.6	71.4	165	黏聚性好

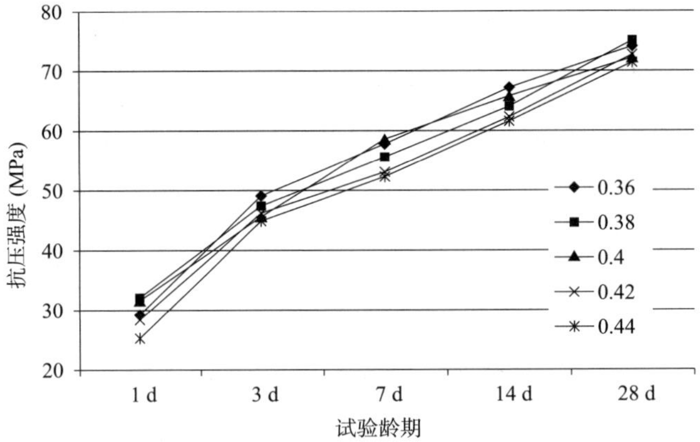

图 2—5　不同砂率 T 梁混凝土的抗压强度

4. 石粉含量的影响

机制砂生产过程中产生石粉是难以避免的，这也是其区别于河砂的主要特点之一。在 MB 值试验合格的基础上（MB＜1.40），《建筑用砂》(GB/T 14684—2011)石粉含量≤10%即可；铁路混凝土 T 梁的标准(TB/T 3043—2005)机制砂参照《普通混凝土用砂、石质量及检验方法标准》(JGJ 52—2006)规定石粉含量≤7%。试验不同石粉含量对机制砂 T 梁混凝土强度的影响，试验配合比见表 2—13，混凝土抗压强度见表 2—14 和图 2—6。由表 2—14 试验结果可知，机制砂石粉含量越低配制的混凝土强度越高，试验采用三个石粉含量机制砂配制的混凝土抗压强度均满足 C55 混凝土设计要求。石粉含量 3.2%的机制砂混凝土出现泌水现象，而石粉含量 10%的机制砂混凝土黏聚性欠佳。

不同石粉含量的机制砂级配见图 2—7，由图 2—7 机制砂级配可以看出，机制砂级配对混凝土状态影响很大，石粉含量 6.1%的机制砂级配接近标准级配中值曲线，配制的混凝土状态较好，因此在机制砂生产过程中要特别重视级配的控制，机制砂石粉含量结合标准要求和试验情况，推荐控制在 5%～7%。

表 2—13　不同机制砂石粉含量 T 梁混凝土配合比

编号	石粉含量(%)	水泥(kg/m^3)	粉煤灰(kg/m^3)	砂(kg/m^3)	碎石(kg/m^3)	水(kg/m^3)	减水剂(kg/m^3)
LJ-10	3.2	400	80	746	1 120	144	5.76
LJ-2	6.1	400	80	746	1 120	144	5.76
LJ-11	10.0	400	80	746	1 120	144	5.76

表 2—14　不同机制砂石粉含量 T 梁混凝土抗压强度

编号	抗压强度(MPa)					坍落度(mm)	工作性描述
	1 d	3 d	7 d	14 d	28 d		
LJ-10	34.7	52.8	59.8	68.6	75.2	140	泌水
LJ-2	31.6	45.6	58.6	65.8	72.2	170	黏聚性好、流动性好
LJ-11	28.3	44.9	55.2	64.3	70.6	165	黏聚性差

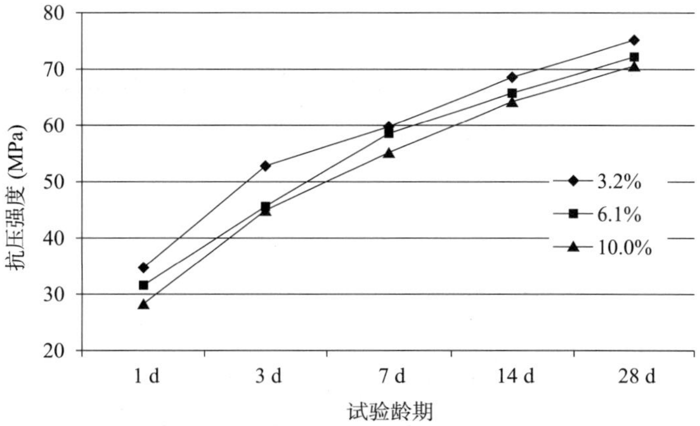

图 2—6　不同机制砂石粉含量混凝土的抗压强度

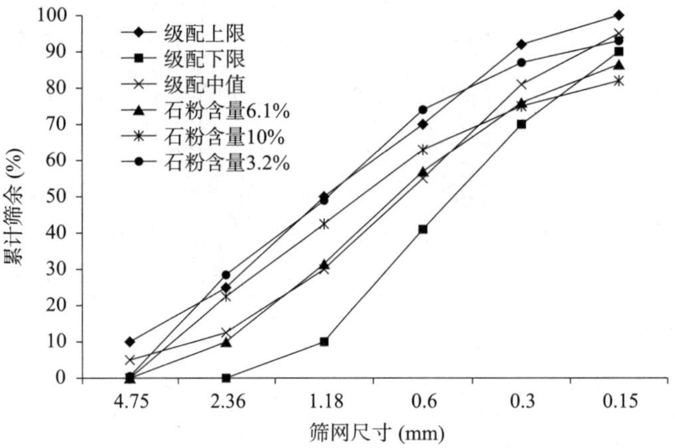

图 2—7　不同石粉含量的机制砂级配

5. 水泥种类的影响

由于采用 52.5 水泥混凝土强度富余较多，因此采用 42.5 水泥进行试验并与 52.5 水泥进行对比，如果采用 42.5 水泥 T 梁混凝土也能达到要求，出于成本的考虑也可采用 42.5 水泥进行 T 梁生产。试验配合比见表 2—15，混凝土抗压强度见表 2—16。由表 2—16 试验结果可知，42.5 水泥配制混凝土强度略低于 52.5 水泥混凝土，但是也满足 C55 混凝土设计要求。

表 2—15　不同水泥种类 T 梁混凝土配合比

编号	水泥种类	水泥（kg/m³）	粉煤灰（kg/m³）	砂（kg/m³）	碎石（kg/m³）	水（kg/m³）	减水剂（kg/m³）
LJ-2	52.5	400	80	746	1120	144	5.76
LJ-12	42.5	400	80	746	1120	144	5.76

表 2—16　不同水泥种类 T 梁混凝土抗压强度

编号	抗压强度（MPa）				
	1 d	3 d	7 d	14 d	28 d
LJ-2	31.6	45.6	58.6	65.8	72.2
LJ-12	29.6	45.2	56.1	62.5	69.7

6. 天然火山灰替代粉煤灰

采用天然火山灰全部或者部分替代粉煤灰进行试验，试验配合比见表 2—17，混凝土抗压强度见表 2—18。由表 2—18 试验结果可知，采用天然火山灰全部或者 1∶1 和粉煤灰复掺配制的混凝土强压强度均满足 C55 混凝土设计要求，但是天然火山灰全部替代粉煤灰混凝土工作性较差，出现泌水，如果考虑在 T 梁中采用天然火山灰，建议天然火山灰和粉煤灰 1∶1 复掺。

表 2—17　天然火山灰替代粉煤灰混凝土配合比

编号	水泥(kg/m³)	粉煤灰(kg/m³)	火山灰(kg/m³)	砂(kg/m³)	碎石(kg/m³)	水(kg/m³)	减水剂(kg/m³)
LJ-2	400	80	—	746	1120	144	5.76
LJ-13	400	—	80	746	1120	144	5.76
LJ-14	400	40	40	746	1120	144	5.76

表 2—18　天然火山灰替代粉煤灰混凝土抗压强度

编号	抗压强度(MPa)					坍落度(mm)	工作性描述
	1 d	3 d	7 d	14 d	28 d		
LJ-2	31.6	45.6	58.6	65.8	72.2	170	黏聚性好、流动性好
LJ-13	28	41.8	56.7	66.8	70.1	150	黏聚性差、轻微泌水
LJ-14	30.3	40.9	55.6	63.7	70.9	165	黏聚性好

7. 机制砂与河砂对比

采用河砂与机制砂进行对比试验，试验配合比见表 2—19，混凝土工作性见表 2—20，混凝土力学性能见表 2—21。由表 2—20 和表 2—21 试验结果可知，机制砂混凝土含气量小于河砂混凝土，容重比河砂混凝土大；机制砂混凝土抗压强度比河砂混凝土大，但是相差不多，均满足 C55 混凝土力学性能要求。

表 2—19　河砂机制砂对比 T 梁混凝土配合比

编号	水泥(kg/m³)	粉煤灰(kg/m³)	机制砂(kg/m³)	河砂(kg/m³)	碎石(kg/m³)	水(kg/m³)	减水剂(kg/m³)
LJ-0	400	80	—	690	1176	144	5.28
LJ-2	400	80	746	—	1120	144	5.76

表 2—20　河砂机制砂对比混凝土工作性

编　　号	含气量(%)	容重(kg/m³)	坍落度(mm)
LJ-0	3.8	2430	180
LJ-2	3.0	2480	170

表 2—21　河砂机制砂对比 T 梁混凝土力学性能

编号	抗压强度(MPa)					弹性模量(GPa)	
	1 d	3 d	7 d	14 d	28 d	14 d	28 d
ZJ-0	30.7	42.3	53.6	63.2	70.8	41.7	46.2
ZJ-2	31.6	45.6	58.6	65.8	72.2	40.6	44.7

（三）机制砂T梁混凝土耐久性试验

通过机制砂T梁混凝土工作性和力学性能试验研究，优选出机制砂T梁配合比见表2—22，采用该配合比进行了混凝土耐久性试验，并与河砂混凝土进行对比，结果见表2—22。由试验结果可知，机制砂混凝土电通量与河砂混凝土相差不多，均满足标准要求。机制砂混凝土和河砂混凝土抗水渗试验均做到了P20，两种混凝土抗水渗性能相差不大。

表2—22　T梁混凝土耐久性

水泥(kg/m³)	粉煤灰(kg/m³)	河砂(kg/m³)	机制砂(kg/m³)	碎石(kg/m³)	水(kg/m³)	减水剂(kg/m³)	电通量(C)		抗渗
							28 d	56 d	
400	80	690	—	1 176	144	5.28	843	510	P20
400	80	—	746	1 120	144	5.76	896	485	P20

（四）试验结论

通过混凝土工作性、力学性能和耐久性试验，优选出机制砂T梁C55混凝土配合比作为推荐配合比，见表2—23，混凝土性能见表2—24，机制砂C55混凝土满足T梁混凝土性能的标准要求。

表2—23　推荐机制砂T梁C55混凝土配合比

水泥(kg/m³)	粉煤灰(kg/m³)	机制砂(kg/m³)	碎石(kg/m³)	水(kg/m³)	减水剂(kg/m³)
400	80	746	1 120	144	5.76

表2—24　推荐机制砂T梁C55混凝土性能

含气量(%)	容重(kg/m³)	坍落度(mm)	抗压强度(MPa)					弹性模量(GPa)		28 d电通量(C)		抗渗
			1 d	3 d	7 d	14 d	28 d	14 d	28 d	28 d	56 d	
3.0	2 480	170	31.6	45.6	58.6	65.8	72.2	38.6	43.5	896	485	P20

二、混合砂比例对T梁C55混凝土性能的影响

由于机制砂为机械加工而来，颗粒有棱角，形状不规则，含有不少针片状颗粒，流动阻力大，因而拌制的混凝土工作性较差，易产生离析；机制砂表面较粗糙，粗糙的表面增加颗粒流动阻力而对工作性产生不利影响，因此在内马铁路T梁混凝土生产过程中还考虑采用了河砂与机制砂混合使用的方案，以减小机制砂对于T梁混凝土工作性的不利影响。下面研究机制砂和河砂混合比例对于砂T梁C55混凝土工作性能和力学性能的影响。

（一）试验材料与方法

1. 试验原材料

试验混凝土主要使用如下原材料进行配制：

(1)水泥：采用肯尼亚拉法基集团控股Bamburi水泥厂生产的CEMI52.5水泥，生产执

行的标准为 EN 197-1，初凝 155 min，终凝 255 min，3 d 和 28 d 抗压强度分别为 27.2 MPa、58.6 MPa，比表面积 320 m^2/kg。

（2）粉煤灰：采用印度 I 级粉煤灰，细度（45 μm 筛余）10.1%，需水量比 85%，烧失量 1.45%。

（3）细骨料：机制砂，内马铁路料场生产，表观密度 2 840 kg/m^3，吸水率 1.6%，压碎值 5%，细度模数 2.6，石粉含量 6.1%，MB 值 0.9，级配见图 2—8；对比用河砂为肯尼亚河砂，细度模数 2.5，级配见图 2—8。

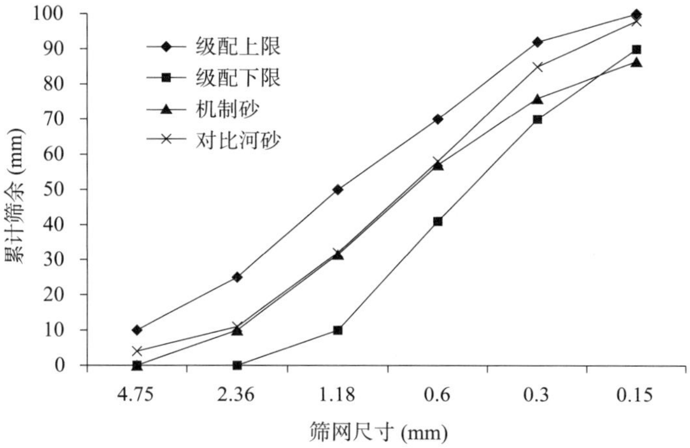

图 2—8 细骨料级配曲线

（4）粗骨料：内马铁路料场生产 5～20 mm 连续级配碎石，岩性为玄武岩，母材强度 160 MPa，表观密度 2 840 kg/m^3，吸水率 1.2%，压碎值 6%，针片状含量 3%。

（5）减水剂：国内某聚羧酸减水剂，固含量 30%，减水率 29.3%。

2. 试验方案

试验用混凝土配合比见表 2—25，保持混凝土用水量不变，调整减水剂用量使混凝土坍落度保持在（180±10）mm，配合比中用水量包括减水剂含水量。

表 2—25 河砂机制砂对比 T 梁混凝土配合比

编号	河砂：机制砂	水泥（kg/m^3）	粉煤灰（kg/m^3）	河砂（kg/m^3）	机制砂（kg/m^3）	碎石（kg/m^3）	水（kg/m^3）	减水剂（kg/m^3）
LJ-0	10：0	400	80	746	—	1120	144	5.76
LJ-2	8：2			596.8	149.2			5.76
LJ-4	6：4			447.6	298.4			6.24
LJ-5	5：5			373	373			6.24
LJ-6	4：6			298.4	447.6			6.72
LJ-8	2：8			148.2	596.8			6.72
LJ-10	0：10			—	746			6.72

混凝土工作性能按照《普通混凝土拌和物性能试验方法标准》(GB/T 50080—2002)进行测试;力学性能按照《普通混凝土力学性能试验方法标准》(GB/T 50081—2002)进行测试;长期性能和耐久性能按照《普通混凝土长期性能和耐久性能试验方法标准》(GB/T 50082—2009)进行测试。

(二)试验结果与分析

1. 河砂与机制砂不同混合比例对混凝土工作性能的影响

河砂与机制砂混合比例对T梁混凝土工作性的影响试验结果见表2—26,由表2—26可以看出,随着机制砂比例的增加,混凝土含气量呈现下降趋势,纯机制砂混凝土含气量比纯河砂混凝土含气量下降了21%,这主要是由于机制砂混凝土相对于河砂混凝土采用相同的减水剂,机制砂混凝土引气比较困难,因此如果采用机制砂比例较高时,应考虑在减水剂复配过程中适当的提高引气成分的含量;随着机制砂比例的增加,混凝土容重呈现增加趋势,纯机制砂混凝土容重比纯河砂混凝土容重增加了50 kg/m³(2%)增加比例并不大,这主要是由于本试验采用的机制砂表观密度比河砂表观密度大,另外机制砂比例增加混凝土含气量减小,进一步使混凝土容重增大。由混凝土坍落度试验结果结合混凝土配合比情况可知,保持混凝土坍落度在(180±10) mm,减水剂用量随着机制砂比例的增大而增加,另外即使减水剂用量增加,采用机制砂比例较高的混合砂配制的混凝土坍落度也呈下降趋势,纯机制砂混凝土坍落度比纯河砂混凝土坍落度下降了6%,这主要是用于机制砂相对于河砂表面较为粗糙,级配较差。虽然可以通过调整减水剂用量,采用不同比例的混合砂均能配制出坍落度(180±10) mm的混凝土,然而机制砂比例较大会是混凝土本身的黏度增大,比例于混凝土施工,因此应综合考虑,机制砂比例不宜过大。

表2—26 河砂与机制砂混合比例对T梁混凝土工作性的影响

编　　号	含气量(%)	容重(kg/m³)	坍落度(mm)
LJ-0	3.8	2 430	180
LJ-2	3.6	2 430	185
LJ-4	3.5	2 440	170
LJ-5	3.5	2 460	170
LJ-6	3.2	2 470	175
LJ-8	3.3	2 470	170
LJ-10	3.0	2 480	170

2. 河砂与机制砂不同混合比例对混凝土抗压强度的影响

河砂与机制砂混合比例对T梁混凝土抗压强度的影响试验结果见表2—27。由表2—27可以看出,各组混凝土1 d抗压强度均较高,抗压强度最低的为LJ-4组(河砂:机制砂为6:4)29.6 MPa,抗压强度最高的为LJ-6组(河砂:机制砂为6:4)33.2 MPa,其他试验组

1 d抗压强度均大于30 MPa，纯机制砂混凝土1 d抗压强度比纯河砂混凝土1 d抗压强度增大了3%；各组混凝土28 d抗压强度均大于65 MPa，满足C55强度等级混凝土抗压强度设计要求，抗压强度最低的为LJ-2组（河砂：机制砂为8：2）68.3 MPa，抗压强度最高的为LJ-8组（河砂：机制砂为2：8）68.3 MPa，纯机制砂混凝土28 d抗压强度比纯河砂混凝土28 d抗压强度增大了2%，整体而言随着机制砂比例的增大，混凝土抗压强度呈现增大趋势。

表2—27　河砂与机制砂混合比例对比T梁混凝土抗压强度

编号	抗压强度（MPa）				
	1 d	3 d	7 d	14 d	28 d
LJ-0	30.7	42.3	53.6	63.2	70.8
LJ-2	30.3	42.6	53.9	61.2	68.3
LJ-4	29.6	41.2	55.4	63.8	69.3
LJ-5	31.9	43.6	55.1	64.6	71.5
LJ-6	33.2	45.2	56.3	66.2	71.9
LJ-8	31.7	45.7	57.5	66.7	73.4
LJ-10	31.6	45.6	58.6	65.8	72.2

（三）试验结论

（1）随着混合砂中机制砂比例的增加，混凝土含气量逐渐下降，混凝土容重和抗压强度呈现增大趋势，保持混凝土坍落度在（180±10）mm，减水剂用量随着机制砂比例的增大而增加，另外即使减水剂用量增加，采用机制砂比例较高的混合砂配制的混凝土坍落度也呈下降趋势。

（2）通过试验优选河砂和机制砂50：50的混合砂作为细骨料配制T梁C55混凝土，所配制的混凝土含气量为3.5%，容重为2 460 kg/m^3，坍落度170 mm，1 d、3 d、7 d、14 d、28 d抗压强度分别为31.9 MPa、43.6 MPa、55.1 MPa、64.6 MPa、71.5 MPa。

第二节　机制砂T梁预制工艺

一、施工技术交底及培训

梁场主要管理人员全部为中方人员，工班长由中方熟练技术工人担任，作业工人主要为肯尼亚当地工人。

针对肯尼亚当地工人对于T梁预制内容比较陌生等特点，项目部制订了三级技术交底及培训制度。首先由项目部工程部对梁场中方技术人员进行技术交底，然后再由梁场技术人员对各个工班进行全员交底、培训，对施工步骤层层分解，再由翻译人员详细讲解给肯方工人，并做好交底培训记录。在施工过程中，各个工班长均要求现场带班作业，加强过程质量控制，肯方工人有做得不到位的地方，工班长要及时发现，及时指出，通过语言、手势或者实操等方法，纠正肯方工人行为。

刚开始T梁预制时，有些工人并不是很明白各个施工步骤，出现的错误比较多。经过一段时间的培训、现场纠正，工人逐渐掌握了施工方法，劳动效率获得了较大提高，预制T梁质量也得到了保证。图2—9所示为培训现场。

图2—9　肯方工人培训

二、制梁台座

台座设置在地质较好的地基上，制梁台座面板作为底板模板，采用厚度为8 mm的通长钢板，两侧用5号槽钢包边，槽钢槽口向外，用直径35的橡胶止浆管填塞，利用侧模顶紧止浆管，可有效止浆。

制梁台座预拱度设置，参照设计图确定的预拱度值控制施工，保证梁体起拱状态和满足设计线形要求。制梁台座间距大于2倍翼板模板宽度，方便吊装模板。根据T梁板数量和工期要求确定内马铁路制梁台座数量为9个，并有一定富余度。

三、模板制作及安装

本梁场T梁采用大块定型钢模板，其设计和制作总体原则为：侧模夹底模，端模压侧模，底模托端模；紧固方式为下拉条系统。模板的安装和拆除采用龙门吊配合工人施工。

钢模吊装/安装顺序：两头端模→内、外侧模→内侧湿接缝模板→挡砟墙模板（边梁）→端边墙模板。当两头端模就位后，在底模上安装T梁下翼缘底部倒角橡胶条（兼做底模与侧模密封垫），再吊装内侧模，从跨中开始向两端逐扇进行，吊装跨中扇内侧模时，先找正与底模相应位置就位，拧紧底部竖向拉杆，用其调整垂直度，然后吊装邻扇侧模，安正后需与前扇用螺栓联结好，并装好竖向拉杆，依次向两端安装。用双面胶带将端模与侧模处的模板缝密贴，防止漏浆。

预应力管道采用橡胶抽拔棒成孔，钢筋绑扎和预应力管道定位钢筋网片固定好后，穿入橡胶抽拔棒，并应伸出端模至少 1 m，为增加橡胶管的刚性和防止灌注混凝土过程中橡胶管挠曲离开设计位置及局部变形，橡胶管内应穿入 1 根钢绞线（图 2—10）。

图 2—10　橡胶抽拔棒成孔

四、钢筋及预埋件工程

工艺流程：钢筋进场复检→钢筋下料→弯制成型→安装支座预埋钢板→绑扎腹板骨架（安装抽拔棒定位网片）→穿抽拔棒→调整预应力孔道位置→隐蔽工程调整检查→外模安装施工→安装预埋 T 型钢→顶板钢筋绑扎→预埋泄水管和梁端排水设施→调整检查。

（一）钢筋加工

1. 下料及弯曲

根据施工图绘制钢筋大样图，确定钢筋下料长度。采用数控钢筋切断机批量下料，先下长料后下短料，以降低损耗。钢筋下料完成后在钢筋加工场进行加工，采用数控弯曲机为主、常规机械弯曲为辅的加工方式，以提高钢筋加工精度。图 2—11 所示为肯尼亚当地工人操控数控弯曲机进行钢筋加工作业的现场。

2. 钢筋连接

钢筋焊接采用闪光对焊，受力钢筋的连接接头设置在内力较小处，并错开布置。

（二）钢筋骨架制作

钢筋骨架采用胎卡具在制梁台座上直接绑扎。钢筋骨架的绑扎顺序为：绑扎底板及腹板钢筋骨架→安装预应力成孔橡胶抽拔棒→安装侧模、端模→绑扎桥面板钢筋。

图 2—11　采用数控弯曲机进行钢筋加工

1. 底腹板钢筋骨架绑扎

(1)底腹板钢筋利用胎卡具在底模上直接绑扎成型,如图 2—12 所示。

图 2—12　底板和腹板钢筋绑扎安装

图 2—12　底板和腹板钢筋绑扎安装

(2)钢筋保护层采用与梁体同标号的混凝土锥形垫块控制，垫块呈梅花形布置，并尽量靠近钢筋交叉点处，梁体侧面和底面的垫块至少 4 个/m^2。梁底垫块布设 3 列，两侧腹板垫块外侧布设 6 列，顶板底(包括倒角)布设 4 列。

2. 翼板钢筋骨架绑扎

翼板钢筋采用梳型板定位，线形采用角钢单边控制，如图 2—13 所示。端头及横向连接钢筋采用在外模上预留标准孔洞的方法定位，精确定位预埋筋。

图 2—13　角钢单边控制翼板钢筋线形

3. 横隔板钢筋安装

横隔板钢筋采用在横隔板模板端头预留标准孔洞的方法定位，钢筋外露长度应符合设计要求，并不影响梁体吊装。

(三)预应力波纹管安装

预应力波纹管严格按照设计给定的坐标,用“井”形定位筋进行固定,胶管接头设在跨中处,并错开承插,接头处采用 0.1 mm 厚、长 300 mm 的铁皮套管套接,胶管与铁皮管间隙不得大于 1 mm,并在套接处用塑料胶带缠紧,密封不漏浆,防止水泥浆串入橡胶抽拔管内。图 2—14 所示为肯尼亚当地工人安装橡胶抽拔棒。

图 2—14　肯尼亚当地工人安装橡胶抽拔棒

纵向预应力孔道采用橡胶抽拔管成孔,梁体钢筋骨架绑扎的过程中,同时安装预应力孔道定位钢筋网片,待梁体钢筋骨架绑扎完毕后,安装橡胶抽拔管,定位钢筋网片的位置必须按设计位置测量定位,并与钢筋骨架焊接牢固。

橡胶抽拔棒安装前用肥皂水或洗衣粉溶液认真涂刷胶管表面,严禁用具有腐蚀作用的油类等涂刷胶管。

橡胶管在梁端外悬部分加以支撑,并在橡胶管与锚垫板间用橡胶锥形套定位、加固,确保浇筑混凝土后,橡胶管形成的孔道与锚垫板垂直、居中,无漏浆。

(四)支座预埋钢板安装

由于采用 U 型锚筋与镀锌钢板直接平焊极易引起支座预埋钢板平面变形,支座预埋钢板的锚脚连接筋采用夹具焊接,将镀锌钢板加固于夹具上(图 2—15),在夹具与镀锌钢板中间接触位置垫支 3～5 mm 薄钢片,在加固镀锌钢板时预留出反拱,待焊接完成拆除夹具时,镀锌钢板可恢复成平直形式。

图 2—15　支座预埋钢板锚脚连接筋焊接采用夹具固定

五、混凝土工程

（一）混凝土配制

混凝土配合比按《铁路混凝土》(JGJ 55—2011、TB/T 3275—2011)的标准要求进行设计、计算、试配和调整，选用满足施工要求的配合比。每立方米混凝土中水泥用量不宜小于 400 kg，混凝土中的胶凝材料总量不超过 500 kg/m^3，水胶比不大于 0.35。设计坍落度 140～180 mm，理论配合比如下：

1. C55 梁体混凝土配合比：水泥∶粉煤灰∶砂∶碎石∶外加剂∶水＝1∶0.218∶1.764∶0.576∶2.300∶0.013∶0.37；水胶比：0.30。

2. C55 封锚混凝土配合比：水泥∶粉煤灰∶砂∶碎石∶水∶膨胀剂∶外加剂＝1∶0.177∶0.117∶1.60∶2.50∶0.012∶0.33；坍落度：80～120 mm。

混凝土耐久性指标混凝土配合比要按《预制后张法预应力混凝土铁路桥简支 T 梁技术条件》(TB/T 3043—2005)进行耐久性指标的检验。

（二）混凝土拌制

梁场混凝土拌和物采用自动计量装置，按照选定的理论配合比换算成施工配合比，计算每盘混凝土实际需要的各种材料量。混凝土拌和采用二次投料，先投砂、水泥、掺合料、外加剂进行搅拌，搅拌 30 s 后，再加入水搅拌，最后加入碎石搅拌，总搅拌时间不得小于 120 s [砂子、水泥、粉煤灰、外加剂(30 s)→水(30 s)→碎石(60～120 s)]。不得随意增减搅拌时间，搅拌好的混凝土出机前，不得投入新料，混凝土出机后不得任意加水，以确保混凝土的和易性、黏聚性、保水性和流动性满足施工要求。

（三）混凝土浇筑与振捣

每片 32 m T 梁需要混凝土 54 m^3，考虑到混凝土的浇筑分层接缝时间不得过长。配置 2 台 HZS90 型混凝土拌和机。使用 2 辆 8 m^{3}罐车运输，使用 10 t 龙门吊配合混凝土料斗入模，以保证 3.5 h 完成浇筑。

混凝土浇筑入模采用罐车运输、龙门吊吊料斗布料(图 2—16)，采用“分层浇筑，逐级推进”的浇筑方法，即“水平分层、纵向分段”。具体做法是：由梁的一端向另一端斜向分层浇筑，分段(角度 30°～40°、8 m/段)，先浇筑底板再浇筑腹板；浇筑腹板时水平分层(层厚 30 cm)；在距梁端 4～5 m 处，从梁另一端布料，防止水泥浆聚集到梁端造成梁体强度不均匀。连续灌筑、一次完成(浇筑总时限 3.5 h)，因故造成的混凝土滞留时间一般不超过 1 h，浇筑间断时限不应超过 2 h。

混凝土振捣采用高频附着式振动器(图 2—17)为主，插入式振捣器为辅的方法。

附着式振动器安装高度为距离底模顶面 700 mm，梁端第一个振动器距梁端 800 mm，间隔 1 m 上下错开 30 cm 设置一台(一般情况下，32 m T 梁每侧布置附着式振动器约 20 台)。为保证支座处振捣密实，在端模靠近支座位置增加一个振动器。梁体两侧的附着式振动器要交错布置，避免振动器与侧模加劲肋位置。高频附着式振捣器的振动为间断式，每次

图 2—16　吊料斗布料

图 2—17　高频附着式振动器

开动 20～30 s，停 5 s，再开动，每层混凝土振捣 3～4 次。

钢筋密集处采取边下料边振捣的方法，采用小型插入式振动器振捣，辅以插钎振捣。锚垫板后钢筋密集区的混凝土用 ϕ30 mm 振动棒振捣充分密实，以防预应力张拉时因锚垫板周围混凝土破损而导致锚头破裂；马蹄、腹板与翼板及横隔板连接处、预应力钢材锚固钢筋密集等部位，用插入式振捣器振捣到位，振捣到混凝土不再沉落，不出现气泡，表面呈现浮浆为度，严禁振捣棒触及橡胶抽拔棒。

(四)混凝土顶面处理与成孔

1. 顶面处理：梁体混凝土浇筑振捣完成后，混凝土收面采用人工收面，浇筑过程中随浇随收。收面程序为人工用刮板和木抹子先找平，待混凝土初凝后再用铁抹子精平。收浆的时间应根据混凝土表面情况决定，混凝土初凝前须完成收浆抹面工作，收面时严禁洒水。

2. 橡胶抽拔管成孔：当梁体混凝土灌注完毕之后，待混凝土初凝后、终凝前，用手按一下混凝土表面达到“轻压不软，重压不陷，浆不沾手，不显印痕”时较为合适。以不损伤梁体混凝土孔壁且易拔出为原则，宜在混凝土强度达到 6～8 MPa 时进行，通常情况下，这个过程需要的时间与温度关系较为密切，30 ℃以上约需 3 h，20 ℃～30 ℃约需 3～5 h，10 ℃～

20 ℃约需 5～8 h。也可以采用以混凝土全部埋设胶管后的时间(以小时为单位)与平均温度的乘积等于 100,作为控制抽拔管的时间。

拔管采用 3～5 t 卷扬机,并用直径 10ϕ12 mm 钢丝绳,用粗麻绳或宽度为 60 mm 宽尼龙吊装带捆绑住待拔的抽拔棒端头 50 cm 以上位置,接上卷扬机上的钢丝绳,然后开动卷扬机缓缓往外拉,即可将胶管拔出来。特别应注意,卷扬机必须预先检查维修保养完好,避免拔管过程中故障,延误拔管时间。

(五)拆模、养护与凿毛

梁体混凝土带模养护达到 2.5 MPa 强度,用人工配合龙门吊拆除模板。模板拆除应遵循先支后拆,两侧同步进行,先拆除上下拉杆和接缝螺栓,用千斤顶顶紧受力之后松掉可调丝杆,千斤顶同步下降并辅以倒链,逐步拆除。拆模时严防碰撞梁体,并采取支撑措施,以免梁体倾倒。

结合当地气候特点,本梁场全年都可施工,混凝土养护采用自然养护。利用气温高于 5 ℃的自然条件,对翼板顶部混凝土表面覆盖土工布或苫布并浇水,使混凝土在一定的时间内保持水泥水化作用所需要的适当温度和湿度条件。

翼缘板下部及腹板采用喷淋洁净水养护,要勤洒水,局部盲区采取人工补洒,始终保持梁体处于湿润状态。图 2—18 所示为自动喷淋养护现场。

图 2—18 自动喷淋养护现场

待混凝土强度达到 10 MPa 时,及时采用手持式风动凿毛机对桥面板接缝、横隔板端部、锚穴处表面进行凿毛。凿毛深度宜控制在 3～5 mm 或露出粗骨料为准。凿毛过程中,采用弹墨线的方法控制混凝土外侧边缘预留 20～30 mm 不凿毛。

六、预应力张拉

预应力张拉是特殊工序,混凝土强度≥33.5 MPa 时进行初张拉,混凝土强度≥

58.5 MPa 且龄期≥14 d 时进行终张拉。采用张拉力和伸长量双控。张拉系统采用智能数控张拉系统(图 2—19),其传感器实时自动采集钢绞线伸长量数量,反馈到计算机,自动计算伸长量,及时校核伸长量,与张拉同步控制,预应力张拉分为三级:分别为控制应力的10%、20%、100%,达到控制应力后持荷 3 min,以消除夹片锚固回缩时的预应力损失,然后锚固并观测回缩量。一台计算机控制两台千斤顶同时、同步对称张拉,对张拉力和张拉伸长位移的实时监控,大幅度提高施工的智能化、可靠性及安全性。同一孔的两片梁张拉间隔时间不应超过 5 d。

图 2—19　智能数控张拉系统

在张拉过程中如发生断(滑)丝现象,立即停止张拉,将千斤顶与限位板退除,在千斤顶与锚板之间安装上特制的退锚处理器,重新张拉,其张拉须缓慢进行。张拉中注意观察,其退锚张拉应力大于原张拉吨位。借张拉钢绞线束带出夹片,然后用小钢针(ϕ5 mm 高强钢丝端头磨尖制成),从退锚处理器的空口处取出夹片,不让夹片在千斤顶回油时随钢绞线内缩。取完所有夹片,两端千斤顶回油,拔掉退锚处理器,检查锚板,重新装上新夹片,重新张拉。

在张拉完毕 24 h 后复查,确认无新的滑、断丝时,端头多余钢绞线采用砂轮机冷切割(图 2—20),预留 3 cm,并立即锚固封闭,严禁用氧气乙炔火焰或电弧焊切割。

七、压浆及封锚

孔道压浆是关键工序,采用自动压浆台车,智能循环压浆系统,包括高速离心搅拌机、具有搅拌功能的储料罐和连续式压浆泵,真空辅助压浆。采用专用压浆料或专用压浆剂配制的浆液进行孔道压浆,按照产品说明书标注的水灰比等指标精确配制压浆浆液,各种材料的

图 2—20　冷切割钢绞线

称量精度控制在±1%以内。真空泵达到－0.1 MPa 的负压力，使孔道内的真空度达到－0.06～－0.10 MPa 范围内（一般控制在－0.07 MPa 左右）。孔道真空度稳定后，立即开启孔道压浆端的阀门，同时启动压浆泵进行连续压浆。压浆的充盈度应达到孔道另一端饱满且排气孔排出与规定流动度形同的浆液为止；关闭出浆口后，保持不小于 0.5 MPa 的稳压期，持压时间为3～5 min。

孔道压浆工作完毕后，及时进行梁体封锚。封锚混凝土采用 C55 干硬性补偿收缩混凝土，混凝土原材料除微膨胀剂外全部采用梁体混凝土材料，凿毛、清理工作后，在锚具的四周及钢绞线端部涂以直接用于防水层的聚氨酯防水涂料进行防水处理，把钢筋网片与锚垫板上安装短钢筋绑扎牢固。封锚混凝土可分几次填塞，保证填塞密实，如有塑性变形造成其与原混凝土之间有缝隙的现象，必须在混凝土未凝固前处理。

八、存　　梁

存梁区的梁体处于简支状态。梁体间应留有 50 cm 左右的安全距离，以便于梁体起吊。存梁支撑保护措施一般采用方木支撑（图 2—21），斜撑设于翼板根部，不能撑于翼板外缘，或使用特制钢架支撑以防止倾覆。

图 2—21　双层存梁范例

九、防水层、保护层

防水层施工程序：桥面基层清理→高聚物改性沥青基层处理剂的配制→利用高聚物改性沥青基层处理剂涂刷桥面基层→烘烤热熔铺贴防水卷材。

防水保护层采用纤维混凝土（设计坍落度 80～120 mm），纤维混凝土加防水层总厚度控制在 60 mm。湿接缝处的防水层和保护层在桥面湿接缝施工完毕后再施工。

第三节　机制砂 T 梁预制质量控制

采用机制砂作为 T 梁混凝土细骨料，或者采用机制砂和河沙的混合砂作为 T 梁混凝土细骨料，最容易发生的质量问题是蜂窝麻面，这些质量问题在混凝土浇筑阶段则体现为较多的气泡。

一、T 梁混凝土蜂窝麻面形成的内部因素

混凝土蜂窝是指骨料间有空隙而形成的蜂窝状窟窿，具体指混凝土表面缺浆、石子露出深度大于 5 mm，但小于钢筋保护层厚度；混凝土麻面则是指混凝土表面缺浆、起砂、粗糙，表面呈现无数的小凹坑，而无露筋现象。

（一）骨料级配

混凝土中骨料级配不合理，粗骨料针片状颗粒含量过多，促使骨料间不密实、空隙过大，从而浪费胶凝材料或出现骨料裸露、蜂窝麻面现象。

由于条件限制，本项目需要自采碎石（图 2—22），碎石母岩为火山岩，且碎石呈多孔状，吸水率偏大，碎石表观密度在 3 000 kg/m^3 左右，用这种碎石所生产的混凝土，含气量偏大，在大坍落度的情况下骨料易出现下沉现象。

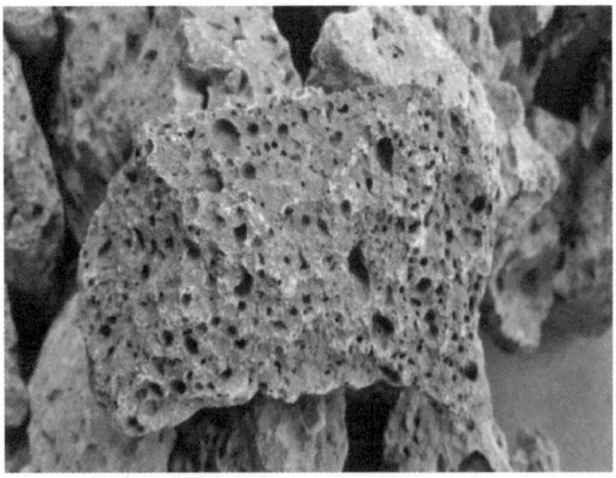

图 2—22　火山岩碎石

（二）水　　泥

用于T梁预制的Bamburi水泥为早强型水泥，经分析作为其主要成分的调凝剂的无水石膏$CaSO_4$(CS)与二水石膏$CaSO_4 \cdot 2H_2O$(CSH_2)含量与国内水泥差别较大，其以无水石膏为主，无水石膏的调凝效果不如二水石膏明显，水泥中矿物铝酸三钙(C_3A)水化速度非常快，无水石膏不能有效延缓其水化反应，因此水泥水化反应较快，温度上升快，混凝土稠度上升，流动性降低，不利于气泡的排出。施工过程中发现混凝土表面水泥浆的“假凝”现象比较严重，也与水泥生产球磨过程中未使用二水石膏有关。

水泥中硫酸根离子的浓度、石膏的形态与数量、水泥中的含碱量以及水泥细度等差异也都决定了当地水泥与国内减水剂适应性较差。

（三）混凝土生产搅拌

在混凝土生产过程中，搅拌时间过短，搅拌不均匀，同样的水灰比，外加剂多的部位产生的气泡就会多，而外加剂少的部分则会出现坍落度不均、损失大、离析等现象；但过分的搅拌又会使混凝土在搅拌过程中所夹带的空气气泡越来越多，从而产生负面作用。搅拌时的投料顺序不合理，也会影响混凝土的质量，产生蜂窝麻面。

（四）减水剂

本项目采用的减水剂为第三代聚羧酸盐系高性能减水剂，属于阴离子表面活性剂。水泥水化过程中会产生絮凝状结构体其内部包裹着很多自由水，减水剂吸附在水泥胶粒表面后，由于其空间位阻效应以及自身所带电荷引起的静电排斥作用，使水泥胶粒分散开，从而瓦解絮凝状结构体并释放其包裹的自由水。同时减水剂极性亲水基团以氢键的形式与水分子缔合，在水泥胶粒表面形成一层溶剂化水膜。此外还有一部分包裹空气形成极性微气泡，起润滑作用。因此，减水剂在保证混凝土良好工作性的同时又能大大减少拌和用水的量。

然而减水剂能否发挥良好的作用，与水泥的矿物组成及其比例关系非常密切。换句话说，减水剂必须与水泥相匹配才能发挥其功效。本项目采用的水泥为肯尼亚本地产的Bamburi水泥，由于生产工艺的不同，Bamburi水泥与国内水泥在矿物组成及比例上存在很大差异，因此水泥熟料的质量、性能也差别很大。而国内采购的减水剂是基于国内水泥的主要性能研制生产的，与Bamburi水泥不匹配，导致其减水、保坍、改善和易性的作用不能充分发挥，甚至起不到这些作用。

减水剂不能有效的减水，那么混凝土拌和物中就含有大量被絮凝状结构体包裹的自由水，在搅拌过程中就容易产生气泡。

（五）外加剂成分

外加剂在生产时，母液会自带一些不良含气，生产厂家为节约成本不彻底消除，用以替代部分引气成分，使混凝土气泡偏大，产生不良气泡。其次，为防止混凝土泌水，外加剂中添加不合理增稠成分，使混凝土较黏稠，不利于其内部气泡的排出。

部分水泥厂家为了增大水泥细度，又考虑节约电能，往往在磨细时加入一些助磨剂，例如木钙、二乙二醇、丙二醇等物质，由于其中一些助磨剂有引气性，而且引入的气泡不均匀且偏大，也会给硬化混凝土结构表面造成蜂窝麻面；本项目采用当地 Bamburi 水泥（CEM I 52.5），其水泥净浆含气量偏大。

（六）水 灰 比

水灰比不合理，当水灰比偏大时，会导致水泥浆浆体无法充分填充骨料的空隙，而水泥水化反应需水量较少，那么多余的水就以薄膜结合水和自由水的形态存在，这也增大了气泡形成的概率。

（七）混凝土配合比

混凝土配合比设计时或生产过程计量误差，砂率过小，包裹性差，使骨料裸露，产生麻面；同样，胶凝材料偏多、砂率偏大、水胶比偏小，都会导致新拌混凝土过于黏稠，以致在拌和过程中裹入大量气泡，且气泡不易排出。

（八）拌和物性能

在 T 梁混凝土浇筑时，若坍落度太小，扩展度、流动度偏小，不利于混凝土结构的密实，易出现蜂窝麻面现象；相反，过大的坍落度，会使混凝土离析泌水，且本项目的碎石容重偏大，从而导致混凝土分层，同样会出现蜂窝麻面。因碎石呈多孔状，因此较一般混凝土含气量偏大，而且碎石所含孔隙，产生气泡大，分布不均匀，容易产生蜂窝麻面。

二、T 梁混凝土蜂窝麻面的形成的外部因素

1. 混凝土浇筑

混凝土浇筑时，布灰厚度过大，不利于混凝土在振捣时气泡的排出；布灰长度过长，致使部分混凝土无振捣而丧失水分，出现麻面。在 T 梁混凝土浇筑振捣时，大多宜采用底模和侧模的附着式振动器为主，以插入式为辅进行振捣，而在实际施工时，操作不规范，出现漏振、过振，都会对混凝土表面产生负面影响。

在混凝土浇筑过程中导致气泡产生的原因是混凝土布料后，与钢模板之间以及上下层混凝土之间夹杂有空气，虽然通过振捣可以将大部分气泡排出，但是由于混凝土流动性、模板脱模剂、振捣工艺等因素导致空气无法完全排出，仍然残留在混凝土内，从而在混凝土结构内部以及混凝土与模板之间形成空洞。为满足每片梁混凝土浇筑时间不超过 3.5 h 的规范要求而加快浇筑速度，混凝土分层太厚，也不利于气泡的排出。

2. T 梁模板材质

大规模 T 梁预制，模板多采用钢模板，主要是因为它不易变形，便于拼装。但在混凝土浇筑前，面板清理不干净，表面粗糙，水泥浆与其接触后，由于接触角较小，小液体在固体上的附着力越强，致使拆模后产生气泡，其次若在混凝土浇筑前未进行湿润，模板对接存在裂缝，在浇筑时混凝土表面水分被吸走或漏浆，都会产生蜂窝麻面。

3. 脱模剂

模板涂刷的脱模剂种类繁多，根据目前市场的产品，可以大致分以下几大类：矿物油类、乳化油类、水质类、聚合物类。倘若脱模剂的选用和模板材质不符，容易导致混凝土气泡难

以排出。同样的脱模剂在不同温度下，因黏度的高低，也会影响气泡的排出。水质类脱模剂虽然黏度较低，但选用的乳化剂引气性较大，也会给混凝土结构面层造成蜂窝麻面。

4. 环境温度

环境温度对混凝土外观质量也有影响，气泡内部气体在受到环境温度高时，气泡体积变大，所受承载力变小，容易破灭；相反，在受到环境温度低时气泡体积变小，所受承载力较大，不容易形成联通气泡，气泡也较小，对混凝土结构外观影响不大。

因肯尼亚 Suswa 地区白天温度较高，阳光紫外线强烈，经过一天的暴晒，砂子、碎石、水泥、以及拌和水的原材料温度非常高，夜间拌和混凝土时仍然较高，这样拌制出的混凝土拌和物温度几乎都将近 30 ℃。温度高导致水化反应加快，同时混凝土拌和物中的水分蒸发也比较快，加速了混凝土流动性的降低，不利于气泡排出。

三、解决 T 梁蜂窝麻面的方法

根据以上 T 梁混凝土蜂窝麻面的形成原因，可以从以下几个方面进行控制和预防。

(一)原材料控制

1. 骨料控制

严格控制粗骨料的粒径以及针片状颗粒的数量，粒径 5～20 mm 的粗骨料，其最大粒径不超过 25 mm，针、片状含量不大于 5%。粗、细骨料必须用拌和水洗干净，保证细骨料含泥量不大于 2.0%，粗骨料含泥量不大于 0.5%。优化骨料级配，使细骨料能够充分填充粗骨料间的空隙，胶凝材料又能充分包裹骨料。

2. 配合比优化，采用正确的外加剂

根据混凝土原材料情况，对配合比、水胶比、砂率进行试配，确保骨料紧密，配合比合理，降低新拌混凝土黏稠性。其次，要求减水剂厂家先对母液进行彻底消泡，再加入优质引气剂(对混凝土含气量有要求时加入)，优质的引气剂在混凝土中引入的气泡直径在 10～200 μm，且气泡分布均匀(平均间距不大于 0.25 mm)，能有效地增强混凝土的流动性，而不影响混凝土的外观质量。对于当地 Bamburi 水泥中因助磨剂引入的气泡，我们可以通过添加消泡剂进行消减。

3. 优化减水剂方案

一方面，减水剂厂家技术人员来到现场进行试验，另一方面，将 Bamburi 水泥带回国内分析其矿物成分，外加剂厂家根据其成分重新制定减水剂方案，针对性的增加缓凝、抗离析、抗泌水组份，增加气泡结构改性剂。使减水剂与 Bamburi 水泥相匹配，充分发挥其功效。最终在缓凝、保坍、减水以及改善混凝土和易性方面均有极大的改善。

(二)施工工艺过程控制

1. 原材料降温

主要是对砂、碎石、拌和水进行降温处理。砂、碎石主要采取遮阳措施，避免阳光直射，这样可降低 8 ℃～10 ℃。拌和水采用冷水机组进行降温，这样大大降低混凝土的出机温度和入模温度。

改进的减水剂产品和较低的入模温度能延缓水泥水化反应速度，混凝土保持良好的工作性、流动性和黏聚性，这样既有利于气泡的排出，又不至于混凝土因振捣而离析。

2. 按规范搅拌混凝土

对于混凝土的搅拌，应该严格遵守规范，控制在 2～3 min，投料顺序为骨料搅拌均匀后加入粉料和水、外加剂继续搅拌。但由于本项目粗骨料多孔性，可以在拌制混凝土时，略调整投料顺序，即：在骨料拌制时，先加入三分之一拌和水进行搅拌 90 s，其次在加粉料和剩余水进行搅拌，该方法对 T 梁混凝土的外观有一定的改善。

3. 做好模板清理工作，调整好脱模剂

在混凝土浇筑前，应做好模板的清理，选用适当的脱模剂并涂刷均匀，保证模板组装质量，避免发生漏浆。其次，应根据环境温度对脱模剂进行调整，防止因低温脱模剂变稠，涂刷后影响振捣时气泡的排出；同时应避免混凝土在初凝期间温差过大时浇筑。

4. 加强振捣

根据本项目实际情况，在 T 梁混凝土在浇筑时，坍落度控制在 160～180 mm、含气量在 2%～3%，流动度良好且无泌水现象。同时，浇注时混凝土分层厚度为 30～50 cm，采用底模和侧模的附着式振动器为主，以插入式为辅进行振捣，其中振动棒工作间距不大于振动棒作用半径的 1.5 倍(一般为 30～40 cm)，每棒振捣时间控制在 20 s 左右，使混凝土得到充分振捣，便于气泡的排出。经拆模后观察，混凝土外观有较明显改观。

5. 采用科学的混凝土布料控制方法

混凝土浇筑依然采取斜向分段，水平分层，连续浇筑，一次成型的方式，在保证每片梁浇筑时间不超过 3.5 h 的前提下，放慢浇筑速度，混凝土分层厚度控制在 30 cm 左右。为缩短斜向分段间的时间间隔，避免产生冷缝，T 梁桥面板混凝土分两次进行浇筑，首先与梁体混凝土一起浇筑，直到混凝土将翼缘板模板全部盖住，这样能避免两次浇筑的混凝土在翼缘板底面形成接茬，然后继续向前推进。待梁体混凝土全部浇筑完毕后，返回起始端浇筑挡砟墙以及桥面板剩余部分混凝土。

浇筑第二层混凝土振捣的时候，振动棒要插入到第一层混凝土内一同振捣，使两层混凝土良好结合，不会产生分层现象。

6. 优化振捣工艺

首先，混凝土振捣要及时，在混凝土入模以后仍具有良好流动性的时候及时振捣，振捣的越晚，随着混凝土流动性的降低，气泡越不容易排出。根据预埋钢筋 C30、C31 以及横向预应力孔道位置流出的水泥浆判断混凝土到达下翼缘的位置，当混凝土达到下翼缘斜面高度的一半时开始打开模板下层的附着式高频振动器，同时为避免振动器被烧坏，附着式振动器严禁连续工作，应采用间歇式工作方式。单次振动时间 60 s 左右，然后静停 30 s 再继续振捣，依此反复。当混凝土达到梁体高度的一半时，打开上层附着式振动器，同时关闭下层振动器。

其次，振捣结束要及时，当混凝土振捣密实后应及时结束振捣，以免混凝土过振而产生流砂现象，同样影响梁体外观质量。判断混凝土振捣密实有三个标准：混凝土不再明显下沉；振捣混凝土没有气泡冒出；混凝土表面泛浆。

50 型插入式振动棒的振捣半径是 45～75 cm，插入间距应限制在 60 cm 以下。为了减少气泡，现场浇筑过程中，我们实际插入间距为 20 cm，避免了因漏振而产生气泡。

纵向预应力孔道成孔采用预埋橡胶抽拔棒成孔，预应力孔道形状为中间低两头高，N7 孔道的抽拔棒在端头位置距顶面只有 20～30 cm 的距离，N7 以下的混凝土振动棒无法振捣，因此端头位置混凝土完全靠附着式振动器进行振捣。鉴于此，距离端头 4 m 第一个横隔板范围内增加了附着式振动器的数量，对该区域的混凝土加强振捣力度。

四、质量缺陷的处理

(一)表面抹浆修补

对表面数量不多的小蜂窝、麻面、露石的混凝土，为了保护钢筋和混凝土不受侵蚀，可用 1∶2～1∶2.5 水泥砂浆抹面修整；如有裂缝，将裂缝附近的混凝土表面凿毛，或沿裂缝方向凿成深为 15～20 mm、宽为 100～200 mm 的 V 型凹槽，扫净并洒水湿润，先刷水泥净浆一层，然后用 1∶2～1∶2.5 水泥砂浆分 2～3 层涂抹，总厚控制在 10～20 mm 左右，并压实抹光，覆盖塑料薄膜，并用支撑模板顶紧加压。当表面裂缝较细，数量不多时，可将裂缝处加以冲洗，用水泥浆抹补。

(二)细石混凝土填补

当蜂窝比较严重或露筋较深时，除掉附近不密实的混凝土和突出的骨料颗粒，用清水洗刷干净并充分湿润后，再用比原强度等级高一级的细石混凝土填补并仔细捣实。

五、改进效果

通过分析原因，多次试验，找出影响因素，经过多方努力，采取相应的控制措施，T 梁混凝土表面气泡问题基本得到解决，改进前后对比如图 2—23 所示。

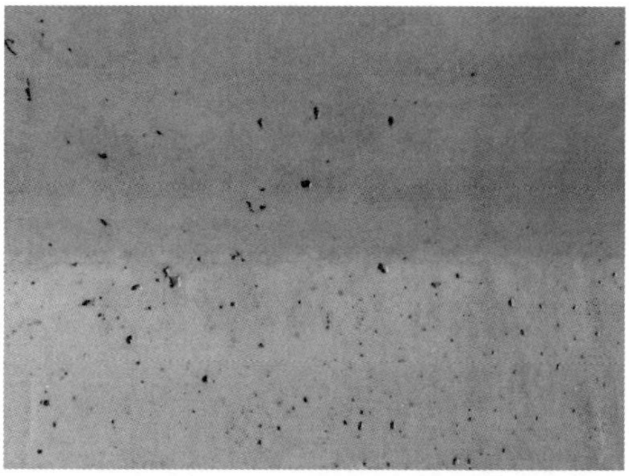

(a) 改进后

(b) 改进后

图 2—23　改进前后外观对比

T 梁混凝土外观质量控制是一个系统的工程,气泡问题不是单纯由一个因素导致的,原材料以及施工工艺任何一个环节都会对其产生影响。随着材料科学的不断发展,施工工艺的不断改进,预制 T 梁以及其他混凝土结构物的外观质量一定会越来越好,在全球范围打造出“中国制造”的品牌。

第三章　机制砂轨枕预制技术

一般来说在“一带一路”辐射国家尤其是沿线国家中以建设普速铁路为宜。在我国，普速铁路一般采用有砟轨道，其轨枕一般采用中国标准的新Ⅱ型轨枕，轨枕在铺轨基地的轨枕预制车间预制完成。

在我国铁路轨道工程技术走出去的过程中，为实现轨道工程属地化、降低建造成本、带动当地经济发展与就业等，凡是能用当地原材料的，尽可能使用当地原材料。在轨道工程施工技术方面，以轨枕预制原材料问题最为突出。

本章以肯尼亚内马铁路为例，从机制砂混凝土试验、机制砂轨枕预制工艺、机制砂轨枕预制质量控制三个方面来介绍轨枕预制关键技术。

第一节　机制砂轨枕混凝土

轨枕混凝土工作性增实因数按照《铁路混凝土》(TB/T 3275—2011)进行测试。混凝土力学性能按照《普通混凝土力学性能试验方法标准》(GB/T 50081—2002)方法进行测试。混凝土耐久性按照《普通混凝土长期性能和耐久性试验方法标准》(GB/T 50082—2009)方法进行测试。混凝土原材料情况见第二章第一节。

一、机制砂轨枕混凝土工作性和力学性能试验

(一)胶凝材料体系优化

根据机制砂含有一定量的石粉、颗粒表面较粗糙的特点，优化胶凝材料体系，调整胶凝材料总用量，试验配合比见表3—1，混凝土抗压强度见表3—2和图3—1。由表3—2试验结果可知，随着胶凝材料用量的增加混凝土各龄期抗压强度均增加，28 d龄期时，三个胶凝材料用量的混凝土强度均满足C60混凝土的设计要求，489 kg/m^{3}和500 kg/m^{3}两组配比28 d抗压强度相近，考虑强度要一定的富余及成本，推荐胶凝材料用量489 kg/m^3。

表3—1　胶凝材料体系变化混凝土配合比

编号	胶凝材料用量(kg/m^3)	水泥(kg/m^3)	粉煤灰(kg/m^3)	砂(kg/m^3)	碎石(kg/m^3)	水(kg/m^3)	减水剂(kg/m^3)
ZJ-1	474	399	75	693	1 181	133	5.21
ZJ-2	489	412	77	693	1 181	137	5.38
ZJ-3	500	425	79	693	1 181	141	5.54

表 3—2 胶凝材料体系变化混凝土抗压强度

编号	抗压强度(MPa)			
	3 d	7 d	14 d	28 d
ZJ-1	45.2	54.4	69.8	71.5
ZJ-2	52.6	60.1	71.2	74.3
ZJ-3	54.1	61.1	70.7	75.6

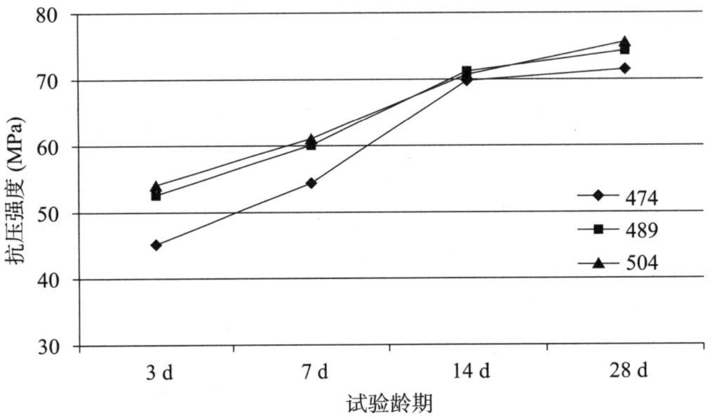

图 3—1 不同胶凝材料混凝土的抗压强度

(二)水 胶 比

固定胶凝材料用量不变,试验水胶比变化对轨枕混凝土性能的影响,试验配合比见表 3—3,混凝土抗压强度见表 3—4 和图 3—2。由表 3—4 试验结果可知,混凝土抗压强度随水胶比的增大而降低,本试验水胶比条件下,3 组混凝土各龄期抗压强度均满足 C60 混凝土设计要求。

表 3—3 水胶比变化的混凝土配合比

编号	水胶比	水泥(kg/m^3)	粉煤灰(kg/m^3)	砂(kg/m^3)	碎石(kg/m^3)	水(kg/m^3)	减水剂(kg/m^3)
ZJ-4	0.26	412	77	693	1 181	127	5.38
ZJ-2	0.28	412	77	693	1 181	137	5.38
ZJ-5	0.3	412	77	693	1 181	147	5.38

表 3—4 不同水胶比的混凝土抗压强度

编号	抗压强度(MPa)			
	3 d	7 d	14 d	28 d
ZJ-4	49.1	64.9	72.8	77.2
ZJ-2	52.6	60.1	71.2	74.3
ZJ-5	51.6	62.3	70.3	72.1

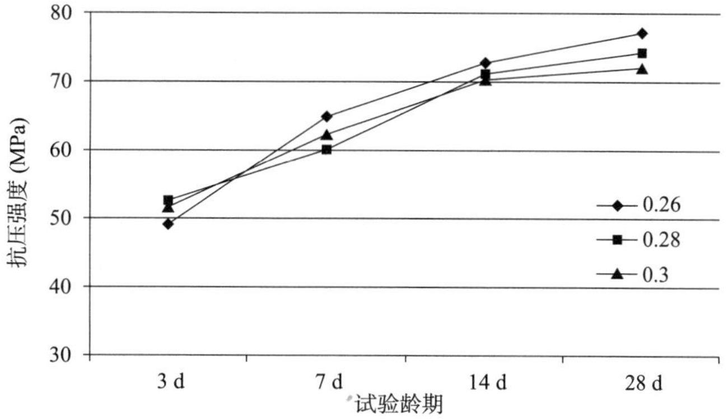

图 3—2　不同水胶比混凝土的抗压强度

(三)粉煤灰掺量的影响

保持胶凝材料总量不变,调整粉煤灰掺量,试验不同粉煤灰掺量对轨枕用机制砂混凝土性能的影响,试验配合比见表 3—5,混凝土抗压强度见表 3—6 和图 3—3。由表 3—6 试验结果可知,在水胶比固定条件下,粉煤灰等量取代水泥,混凝土抗压强度随粉煤灰取代率的增加而降低,早期抗压强度下降幅度较大,28 d 抗压强度下降幅度较小。轨枕混凝土施工工艺对早期强度要求较高,粉煤灰掺量不易过大,而粉煤灰对提高混凝土耐久性贡献较大,掺量也不易过小,综合考察,推荐粉煤灰掺量 16%。

表 3—5　不同粉煤灰掺量混凝土配合比

编号	粉煤灰掺量(%)	水泥(kg/m³)	粉煤灰(kg/m³)	砂(kg/m³)	碎石(kg/m³)	水(kg/m³)	减水剂(kg/m³)
ZJ-6	11	435	54	693	1 181	137	5.87
ZJ-2	16	412	77	693	1 181	137	5.38
ZJ-7	21	386	103	693	1 181	137	5.38

表 3—6　不同粉煤灰掺量混凝土抗压强度

编号	抗压强度(MPa)			
	3 d	7 d	14 d	28 d
ZJ-6	57.8	63.2	73.7	74.6
ZJ-2	52.6	60.1	71.2	74.3
ZJ-7	50.4	58.1	69.2	73.4

(四)砂率的影响

鉴于机制砂含有石粉且细度模数偏大,考虑适当提高砂率,同时轨枕混凝土成型采用高频振捣,砂率高容易造成浮浆过厚,引起生产的轨枕静载试验不合格,需要综合考虑。试验不同砂率对轨枕机制砂混凝土性能的影响,试验配合比见表 3—7,混凝土抗压强度见表 3—8 和图 3—4。由表 3—8 试验结果可知,砂率对混凝土抗压强度影响显著,当砂率为 35%～

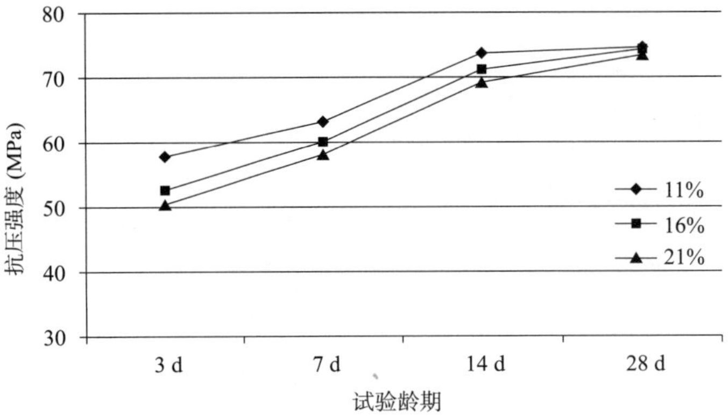

图 3—3　不同粉煤灰掺量混凝土的抗压强度

37%时，混凝土强度较高，砂率继续增加，混凝土抗压强度降低，这可能是由于砂率增加导致混凝土拌和物黏滞度增大，混凝土中的气泡不易排除，从而导致抗压强度降低。本试验采用的机制砂细度模数为 2.6，推荐砂率 37%。在今后的轨枕生产过程中，可以根据机制砂细度模数及混凝土状态适当调整砂率，机制砂细度模数增大，则砂率适当提高，细度模数降低，则砂率适当调小。

表 3—7　不同砂率混凝土配合比

编号	砂率(%)	水泥(kg/m³)	粉煤灰(kg/m³)	砂(kg/m³)	碎石(kg/m³)	水(kg/m³)	减水剂(kg/m³)
ZJ-8	35	412	77	656	1 218	137	5.38
ZJ-2	37	412	77	693	1 181	137	5.38
ZJ-9	39	412	77	731	1 143	137	5.38
ZJ-10	41	412	77	768	1 106	137	5.38
ZJ-11	43	412	77	806	1 068	137	5.38

表 3—8　不同砂率混凝土抗压强度

编号	抗压强度(MPa)			
	3 d	7 d	14 d	28 d
ZJ-8	55.9	65.8	73.9	77.1
ZJ-2	52.6	60.1	71.2	74.3
ZJ-9	51.1	60.3	70.6	72.8
ZJ-10	50.7	59.4	70.7	73.2
ZJ-11	48.2	58.5	67.4	71.5

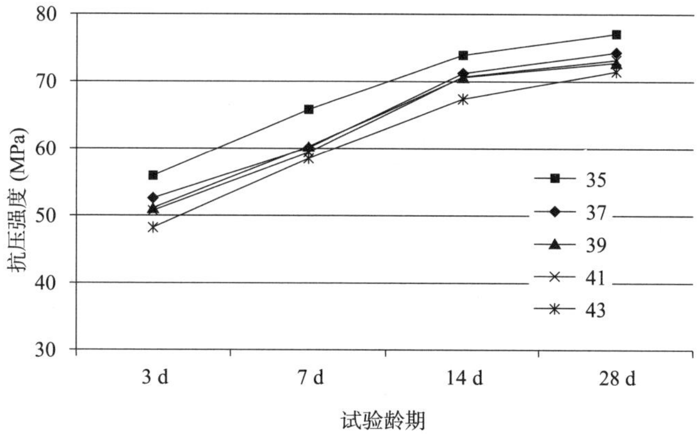

图 3—4　不同砂率混凝土的抗压强度

（五）石粉含量的影响

机制砂生产过程中产生石粉是难以避免的，这也是其区别于河砂的主要特点之一。在 *MB* 值试验合格的基础上（*MB*＜1.40），国标规定（《建筑用砂》GBT 14684—2011）石粉含量≤10％即可；轨枕用机制砂没有专门规定，参照《铁路混凝土》TB/T 3205—2011 规定石粉含量≤5％。试验机制砂石粉含量对混凝土性能的影响，试验配合比见表 3—9，混凝土抗压强度见表 3—10 和图 3—5。

表 3—9　不同机制砂石粉含量混凝土配合比

编号	石粉含量（％）	水泥（kg/m^3）	粉煤灰（kg/m^3）	砂（kg/m^3）	碎石（kg/m^3）	水（kg/m^3）	减水剂（kg/m^3）
ZJ-12	3.2	412	77	693	1 181	137	5.38
ZJ-2	6.1	412	77	693	1 181	137	5.38
ZJ-13	10	412	77	693	1 181	137	5.38

表 3—10　不同机制砂石粉含量混凝土抗压强度

编号	抗压强度（MPa）			
	3 d	7 d	14 d	28 d
ZJ-12	56.6	64.0	73.7	76.8
ZJ-2	52.6	60.1	71.2	74.3
ZJ-13	51.3	58.4	67.5	71.5

由表 3—10 和图 3—5 试验结果可以看出，在水胶比固定的情况下，混凝土抗压强度随着机制砂中石粉含量的增加而降低，三个石粉含量的混凝土抗压强度均满足 C60 混凝土设计要求。机制砂石粉含量除了影响混凝土强度，最大影响是混凝土状态，而轨枕混凝土为干硬性混凝土，对混凝土状态要求相对较低，因此对机制砂石粉含量要求不高，考虑到砂场生产的机制砂同时用于 T 梁和轨枕两种构件，如果 T 梁和轨枕采用同样技术指标的机制砂可

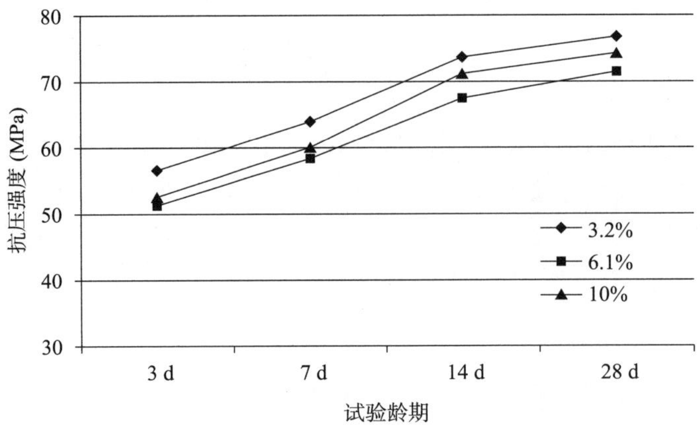

图 3—5　不同机制砂石粉含量混凝土的抗压强度

以极大的降低机制砂生产管理难度，因此推荐轨枕混凝土用机制砂石粉含量与 T 梁混凝土机制砂相同。

（六）水泥种类的影响

采用 42.5 水泥进行试验并与 52.5 水泥进行对比，如果 42.5 水泥轨枕混凝土也能达到要求，出于成本的考虑也可采用 42.5 水泥进行轨枕生产，试验配合比见表 3—11，混凝土抗压强度见表 3—12。由表 3—12 试验结果可以看出，52.5 水泥混凝土强度高于 42.5 水泥，两种水泥配制的混凝土强度均满足 C60 混凝土设计要求。

表 3—11　不同水泥种类混凝土配合比

编号	水泥种类	水泥（kg/m^3）	粉煤灰（kg/m^3）	砂（kg/m^3）	碎石（kg/m^3）	水（kg/m^3）	减水剂
ZJ-2	52.5	412	77	693	1 181	137	5.38
ZJ-14	42.5	412	77	693	1 181	137	5.38

表 3—12　不同水泥种类混凝土抗压强度

编号	抗压强度(MPa)			
	3 d	7 d	14 d	28 d
ZJ-2	52.6	60.1	71.2	74.3
ZJ-14	52.1	60.5	70.6	72.7

（七）天然火山灰替代粉煤灰

采用天然火山灰全部或者部分替代粉煤灰进行试验，试验配合比见表 3—13，混凝土抗压强度见表 3—14 和图 3—6。由表 3—14 和图 3—6 试验结果可知，矿物掺合料采用粉煤灰或者天然火山灰或者粉煤灰和天然火山灰 1∶1 复掺，混凝土抗压强度相差不大，均满足 C60 混凝土设计要求。

表 3—13　天然火山灰替代粉煤灰混凝土配合比

编号	水泥(kg/m³)	粉煤灰(kg/m³)	火山灰(kg/m³)	砂(kg/m³)	碎石(kg/m³)	水(kg/m³)	减水剂(kg/m³)
ZJ-2	412	77	—	693	1 181	137	5.38
ZJ-15	412	—	77	693	1 181	137	6.36
ZJ-16	412	39	39	693	1 181	137	5.87

表 3—14　天然火山灰替代粉煤灰混凝土抗压强度

编号	抗压强度(MPa)			
	3 d	7 d	14 d	28 d
ZJ-2	52.6	60.1	71.2	74.3
ZJ-15	50.5	60.6	73.7	75.2
ZJ-16	50.0	60.7	72.2	76.5

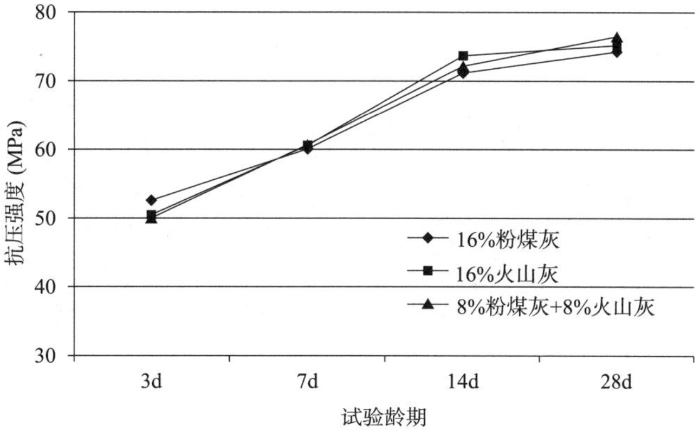

图 3—6　天然火山灰替代粉煤灰混凝土的抗压强度

(八)机制砂与河砂对比

采用河砂与机制砂进行对比试验，试验配合比见表 3—15，混凝土工作性见表 3—16，混凝土力学性能见表 3—17。由表 3—16 试验结果可知，同配合比情况下，机制砂混凝土含气量小于河砂混凝土，容重比河砂混凝土大，增实因数比河砂混凝土大；由表 3—17 可知机制砂混凝土抗压强度比河砂混凝土大，但是相差不多，28 d 时仅比河砂混凝土大 1.4 MPa，机制砂混凝土弹性模量和河砂混凝土相差不多。

表 3—15　河砂机制砂对比混凝土配合比

编号	水泥(kg/m³)	粉煤灰(kg/m³)	河砂(kg/m³)	机制砂(kg/m³)	碎石(kg/m³)	水(kg/m³)	减水剂(kg/m³)
ZJ-0	412	77	693	—	1 181	137	5.38
ZJ-2	412	77	—	693	1 181	137	5.38

表 3—16　河砂机制砂对比混凝土工作性

编号	含气量(%)	容重(kg/m³)	增势因数
ZJ-0	2.8	2480	1.15
ZJ-2	2.2	2540	1.28

表 3—17　河砂机制砂对比混凝土力学性能

编号	抗压强度(MPa)				弹性模量(GPa)	
	3 d	7 d	14 d	28 d	14 d	28 d
ZJ-0	50.2	57.7	64.8	72.9	39.7	43.1
ZJ-2	52.6	60.1	71.2	74.3	38.6	43.5

图 3—7　轨枕混凝土状态和增实因数试验

二、机制砂轨枕混凝土耐久性试验

通过机制砂轨枕混凝土工作性和力学性能测试，优选出机制砂轨枕配合比见表 3—18，采用该配合比进行了混凝土耐久性试验，并与河砂混凝土进行对比，结果见表 3—18。由试验结果可知，机制砂混凝土电通量略小于河砂混凝土，均满足《混凝土枕》(TB/T 2190—2013)的要求："混凝土的电通量应小于 1 200 C"。机制砂混凝土和河砂混凝土抗水渗试验均做到了 P20，两种混凝土抗水渗性能相差不大。

表 3—18　混凝土耐久性

水泥(kg/m³)	粉煤灰(kg/m³)	河砂(kg/m³)	机制砂(kg/m³)	碎石(kg/m³)	水(kg/m³)	减水剂(kg/m³)	电通量(C)		
							28 d	56 d	抗渗
412	77	693	—	1 181	137	5.38	965	458	P20
412	77	—	693	1 181	137	5.38	810	423	P20

三、机制砂混凝土轨枕试生产及静载试验

(一)机制砂混凝土轨枕试生产

完成机制砂轨枕 C60 混凝土工作性、力学性能和耐久性试验后，采用优选的配合比进行了机制砂混凝土轨枕试生产，试生产采用的配合比见表 3—19，试生产采用的蒸养制度见表 3—20，升温速率为 10 ℃/h。机制砂混凝土轨枕试生产过程中同时进行了蒸汽养护条件下机制砂 C60 混凝土力学性能试验，蒸养后混凝土抗压强度 48.7 MPa，弹性模量 40.6 GPa。机制砂混凝土试生产轨枕情况见图 3—8～图 3—13，由图可以看出，机制砂混凝土轨枕压花明显，生产出的轨枕外观良好。

表 3—19　轨枕生产试验混凝土配合比

编号	水泥(kg/m^3)	粉煤灰(kg/m^3)	砂(kg/m^3)	碎石(kg/m^3)	水(kg/m^3)	减水剂(kg/m^3)
ZJ-2	412	77	693	1 181	137	5.38

表 3—20　轨枕试生产蒸汽养护制度

	静养时间	升温时间	蒸养时间	降温时间	蒸养温度
参数	3 h	3 h	5 h	3 h	40 ℃

图 3—8　混凝土浇筑(试生产)

图 3—9　混凝土浇筑振捣(试生产)

图 3—10　压花(试生产)

图 3—11　入池养护(试生产)

图 3—12　脱模(试生产)

图 3—13　切丝(试生产)

(二)机制砂混凝土轨枕静载试验

采用试生产出的机制砂混凝土轨枕进行静载试验,静载试验前进行校准(图 3—14)。试验参照《预应力混凝土枕静载抗裂试验方法》(TB/T 187—2002)进行,试验荷载 F 与检验弯矩 M 的关系由下式确定:

图 3—14　轨枕静载设备校准

$$F=7.273M$$

式中　F——试验龄期的静载试验荷载(kN);

M——试验龄期的静载试验弯矩(kN·m)。

根据设计给出的试验弯矩 M，枕中试验荷载为 116 kN，枕下试验荷载为 170 kN。轨枕试件就位后，均匀加载，加载速度不大于 1 000 N/s，加载到 30%～40%的试验荷载值时，对试验状态机支距尺寸进行检查，确认正确后继续加载。轨枕加载至试验荷载值后，稳定 3 min，并在整个加载过程中用照明放大镜观测轨枕两侧受拉区，出现裂缝为开裂。稳定 3 min 后，继续加载，直至裂缝出现，记录出现裂缝时的荷载值。

机制砂混凝土轨枕静载试验数据见表 3—21，静载试验情况见图 3—15，由表 3—21 试验结果可知，机制砂混凝土轨枕静载试验合格，轨中加载至 116 kN，静停 3 min 未出现裂缝，轨下加载至 170 kN，静停 3 min 未出现受力裂缝，继续加载直至出现裂缝，枕中开裂荷载在 139～149 kN 之间，平均值为 144.6 MPa，标准差为 3.29 MPa，枕下开裂荷载在210 kN～237 kN 之间，平均值为 226.5 MPa，标准差为 6.83 MPa，具有一定的富余，安全性较高。

表 3—21　机制砂混凝土轨枕静载试验数据

轨枕编号	轨枕生产批次和日期	枕下模号端(kN)		枕中(kN)		枕下厂牌端(kN)	
		试验荷载	开裂荷载	试验荷载	开裂荷载	试验荷载	开裂荷载
1	第一批 3 月 18 日	170.2	236.87	116.4	139.28	171.7	210.67
2		170.6	224.62	116.2	149.35	170.1	235.15
3		171.1	218.28	116.4	142.58	170.3	226.20
4	第二批 3 月 24 日	171.3	228.64	116.3	145.31	170.6	231.25
5		171.2	230.40	116.2	147.28	171.3	226.37
6		170.5	217.58	116.2	141.79	170.4	229.81
7		171.2	231.30	116.1	143.63	170.5	216.34
8		170.4	228.41	116.5	148.46	171.2	231.51
9		171.1	225.75	116.2	144.15	171.6	227.26

(a) 轨枕安放

(b) 检查

图　3—15

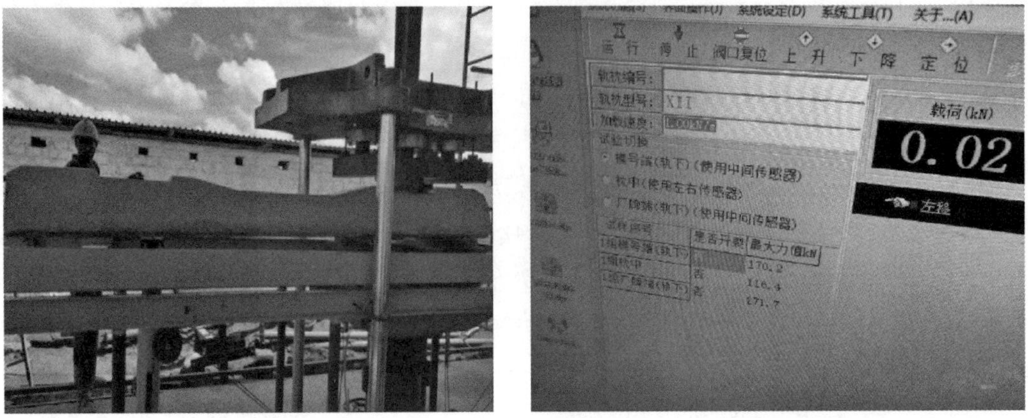

(c) 加载　　　　(d) 静载试验系统

图 3—15　轨枕静载试验

四、试验结论

（一）通过混凝土工作性、力学性能和耐久性试验，优选出机制砂轨枕 C60 混凝土配合比作为推荐配合比，见表 3—22，混凝土性能见表 3—23，机制砂 C60 混凝土满足轨枕混凝土性能的标准要求。

表 3—22　推荐机制砂轨枕 C60 混凝土

水泥(kg/m³)	粉煤灰(kg/m³)	机制砂(kg/m³)	碎石(kg/m³)	水(kg/m³)	减水剂(kg/m³)
412	77	693	1 181	137	5.38

表 3—23　推荐机制砂轨枕 C60 混凝土性能

含气量(%)	容重(kg/m³)	增势因数	抗压强度(MPa)				弹性模量(GPa)		28 d 电通量(C)		抗渗
			3 d	7 d	14 d	28 d	14 d	28 d	28 d	56 d	
2.2	2540	1.28	52.6	60.1	71.2	74.3	38.6	43.5	810	423	P20

（二）采用优选机制砂轨枕混凝土配合比进行了轨枕试生产，生产出的轨枕外观质量良好；采用试生产的轨枕进行了轨枕静载试验，机制砂混凝土轨枕静载试验合格，轨中加载至 116 kN，静停 3 min 未出现裂缝，轨下加载至 170 kN，静停 3 min 未出现裂缝，继续加载直至出现裂缝，枕中开裂荷载在 139～149 kN 之间，枕下开裂荷载在 210～237 kN 之间，具有一定的富余，安全性较高。

第二节　机制砂轨枕预制工艺

新Ⅱ型预应力混凝土枕的制造，工序繁杂，精度要求高，制备难度大。结合现场实际，进行了轨枕预制方案比选，确定采用当地原材料制备混凝土和“机组流水法”工艺生产新Ⅱ型预应力混凝土枕（以下简称轨枕），工厂化模式预制生产，按每组 2×5 联定型钢模具，共计 120 套，循环作业，主要体现在机械化循环作业，全程辊道流水运输，混凝土入模后，采用振动台进行混凝土整体振动密实并压花，蒸汽养护，放张机进行放张，液压自动化翻转脱模，切割机进行切割预应力钢丝，龙门吊运输等自动化环节。

整个施工工艺机械化程度高、易操作，预制施工速度快，质量控制方便、地材利用率高，有利于降低成本，生产的轨枕已经过认证，符合我国现行国家标准，相关结果可为我国海外铁路建设提供经验。

一、施工技术交底及培训

轨枕场主要管理人员全部为中方人员，工班长由中方熟练技术工人担任，作业工人主要为肯尼亚当地工人。

针对肯尼亚当地工人对于轨枕预制、预应力、混凝土等施工内容比较陌生等特点，项目部制订了三级技术交底及培训制度。首先由项目部工程部对轨枕场技术人员进行技术交底，然后再由轨枕场技术人员对各个工班进行全员交底、培训，对施工步骤层层分解，再由翻译人员详细讲解给肯方人员，并做好交底培训记录。在施工过程中，各个工班长均要求现场带班作业，加强过程质量控制，肯方工人有做得不到位的地方，工班长要及时发现，及时指出，通过语言、手势或者实操等方法，纠正肯方工人行为。

刚开始轨枕预制时，有些工人并不是很明白各个施工步骤，出现错误的比较多。经过一段时间的培训、现场纠正，工人逐渐掌握了施工方法，劳动效率获得了较大提高，轨枕质量也得到保证。

二、主要资源配置

轨枕场内的生产区为轨枕制造区，主要设施就是轨枕生产线，以生产轨枕为目的。按照功能划分，主要包括：钢丝下料区、模具清理区、脱模剂喷涂区、预应力钢丝编组入模区、钢丝张拉区、混凝土浇筑与振捣区、蒸养池、放张区、翻枕脱模区、钢丝切割区、轨枕码垛检测养护区等。

按轨枕生产工艺要求，轨枕生产线包含的设备有：钢模型、输送辊道、混凝土布料设备、振动台、养护通道、桁吊、液压顶推、牵引装置、翻转设备、脱模设备、模型清理倾翻台、链式传送机以及钢模吊具和轨枕吊具等。养护时用自动控温系统来控制养护温度。

搅拌站的位置与轨枕生产车间相邻，能拌和出稳定合格的混凝土。混凝土搅拌站采用立式行星强制搅拌机，控制系统具有自动检测混凝土温度、混凝土稠度等功能，拌和能力能完全满足轨枕日生产最大产量的需求。搅拌站配套建有砂石料仓，有防雨棚和排水设施，存储能力充足。

试验室设有水泥室、计量室、压力室、混凝土室、标养室、质检室和办公室，全部试验人员经培训后持有上岗证书，并经业主、监理以及授权单位共同验收。室内环境条件满足试验检验要求，试验检验仪器设备均符合相关检定或校准要求。

轨枕场内的存放区主要是存放生产出的成品轨枕，轨枕应按照轨枕型号和批次分区存放。整个轨枕场除去生产区和办公生活区后，其余均为存枕区，存枕区采用水泥稳定碎石进行硬化。

三、轨枕生产工艺流程

轨枕预制工艺流程见图 3—16，图中带 * 的工序为关键工序，带 * * 的工序为关键工序和特殊工序。

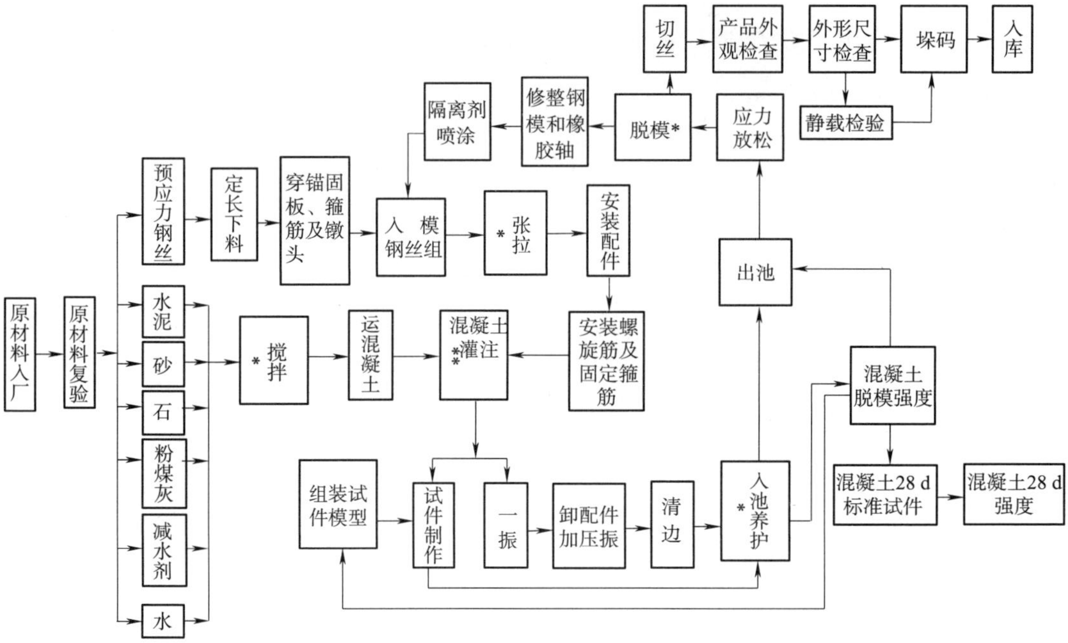

图 3—16 轨枕预制工艺流程

四、轨枕预制施工要点

（一）施工准备

1. 新Ⅱ型枕模具采用 2×5 联定型钢模具，模具的进场验收技术标准应符合《混凝土枕》（TB/T 2190—2013）关于新Ⅱ型预应力混凝土枕外形尺寸偏差的要求。

2. 张拉杆、张拉螺母、活动张拉块、橡胶隔板、分丝隔板、橡胶棒、压花板、张拉连接套等主要工艺配件进场外观外形符合验收标准要求。

3. 预应力钢丝

（1）钢丝采用定长切割机下料，钢丝的长度检查在专用检验台上进行，每批随机抽取 3

组(每组为 10 根)进行检验,新Ⅱ型枕下料长度 13 045 mm,绝对误差为±1 mm,相对误差不得超过 2 mm。

(2)下料完成后,钢丝一侧先镦头,钢丝另一侧穿入隔板和张拉块后再镦头。镦头时加压缓慢均匀,当达到工作压力时,稍停片刻后卸去油压,确保一次获得所需要的镦头尺寸和形状。新Ⅱ型枕镦头直径不小于 9.38 mm(≥1.5d, d 为钢丝公称直径),高度为不小于 6.25 mm(≥1.0d,d 为钢丝公称直径),镦头表面不得出现裂纹,以保证张拉时镦头不被拉滑。

(3)箍筋采用 ϕ6.5 光圆盘条钢筋,纵向分布 9 根箍筋,箍筋弯制采用人工配合全自动弯箍机制作,箍筋弯钩部分由人工按图纸弯制,箍筋弯钩直线段长度不小于 14 mm,箍筋长度偏差为±3 mm,箍筋间距偏差为±10 mm。绑扎时将扎丝头按到轨枕内部。在预应力钢丝骨架入模前,提前将箍筋穿入骨架。

(4)每根轨枕中含 4 个螺旋筋,螺旋筋采用卷簧机绕制而成,分绕制和三根纵筋点焊两个过程。螺旋筋上下口直径允许偏差±3 mm,螺旋筋单层高度和总高度的误差为±3 mm,所用箍筋和螺旋筋见图 3—17。

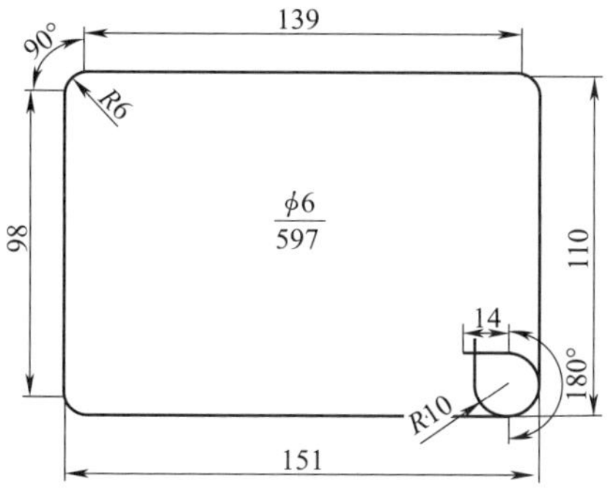

(a) 新Ⅱ型箍筋示意图

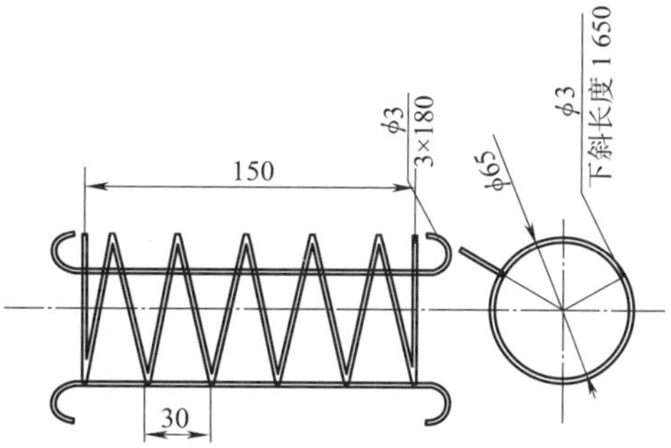

(b) 新Ⅱ型螺旋示意图

图 3—17　新Ⅱ型轨枕用箍筋和螺旋筋示意图(单位:mm)

(二)预制施工

1. 钢丝编组(图 3—18)

将下料钢丝穿上锚固板、铁挡板及箍筋进行编组作业,确保钢丝不交叉、不错位及箍筋不错位;同一组钢丝的同一端两块挂丝板,不能新旧混用,且镦头沉陷凹坑须一致。

2. 钢丝入模

将镦头完毕的钢丝组置入钢模,两头锚固板插入安装盒内,装入橡胶隔板,铁挡板依次密贴已固定好的橡胶隔板,并检查钢丝是否错位或交叉。发现钢丝错位或交叉,应即时调整或更换,确认无误后,旋紧张拉杆螺母,绷紧钢丝组。

0→总张拉力→总张拉力持荷 1 min→锁紧螺母

其中：张拉速度不大于 80 kN/s，钢丝的预应力为：张拉力为 348±5 kN。

过程中如发现断丝和滑丝，应补丝后重新张拉。

图 3—18　钢丝编组

3. 预应力张拉（图 3—19）

自动张拉系统为国产，包括 YDC1500/50—200B 型千斤顶、ZLS01 型自动张拉机、ZLS01 型自动放张机及操作柜。模具滑到位之后，调整张拉机位置，并将张拉套中心与模具张拉杆中心调平（水平尺控制），将张拉内套锁紧在张拉杆上，和张拉机上的张拉外套配套使用，安装好后，进行张拉，张拉过程中及时将张拉块砸到位，保证预应力钢丝的位置准确。钢丝的预应力张拉程序如下：

图 3—19　张拉

4. 混凝土配制和搅拌

混凝土所用各种原材料应符合《混凝土枕》（TB/T 2190—2013）、《铁路混凝土》（TB/T 3275—2011）的有关技术规范规定。混凝土强度等级为 C60，耐久性指标见表 3—24。

表 3—24　耐久性指标

序号	试验项目	质量指标
1	碱骨料反应	碱—硅酸反应快速砂浆棒膨胀率＜0.10%（粗、细骨料）
2	56 d 抗冻性	$P \geqslant 60\%$、$W \geqslant 95\%$（300 次）

续上表

序号	试验项目	质量指标
3	电通量	≤1 200 C
4	56 d 氯离子扩散系数 D_{RCM}	不应大于 8×10^{-12} m²/s

混凝土拌和采用强制式搅拌机，开盘前，测定砂、石含水量，根据砂石含水率换算成施工配合比。总搅拌时间不少于 120 s，搅拌时间以自全部材料装入搅拌机开始搅拌至搅拌结束开始卸料所用时计，投料顺序为粗细骨料、水泥和矿物掺合料，搅拌均匀后，加入水和液体外加剂。混凝土采用搅拌站集中拌制，严格按照施工配合比(以试验室通知单为准)进行配料、称量，配料误差控制在允许范围内，其中，水、水泥、外加剂的称量准确到±1%，粗、细骨料的称量准确到±2%(均以质量计)。混凝土拌和物配料采用自动计量装置。

5. 混凝土灌注

灌前检查和确认安装完毕的箍筋及螺旋筋，并清理模型内杂物等，保持模型内清洁。混凝土在灌注过程中测定：增实因数 1.10～1.30 mm、入模温度 5 ℃～30 ℃、模具温度 5 ℃～35 ℃、环境温度。

混凝土灌注采用一次性往返布料，布料机到位后，开始下料，控制布料机行走速度与混凝土下料量相匹配，防止行走过快或过慢导致混凝土过量堆垒或严重缺料，尽量做到单向行程布料均匀适度，布料高度高出模具面 15～20 cm，在布料机返回过程中对布料不足的部位进行补料，下料过程中，避免将混凝土布到模型以外，不得使用地面上洒落的混凝土，多余混凝土放入收料斗中，停放时间超过 30 min 后不得使用(一般按照 3 模控制)，见图 3—20。

图 3—20 混凝土灌注

6. 轨枕成型及清边

混凝土的振动采用振动台振动，新Ⅱ型枕其初振时间不小于 120 s，加压振动时间不小于 60 s，保证压花深度在 5～13 mm 范围内，见图 3—21。

清边时应清除轨枕两边的飞边及轨枕节间多余的混凝土，不许将混凝土残渣残留在压

图 3—21　振动

花部位；应清除橡胶棒顶部的混凝土，露出橡胶棒顶面，防止预留孔堵塞，清边完成后将橡胶隔板取出。

7. 蒸汽养护

采用自动温控蒸汽养护，按静停→升温→恒温→降温工艺进行。静停时间≥3 h，静停时坑内温度保持在 5 ℃～35 ℃，升温速度≤15 ℃/h，恒温时轨枕芯部温度≤60 ℃，若恒温结束后脱模强度不够可按 1.2 MPa/h 进行延时养护，降温速度≤15 ℃/h，养护结束时轨枕表面与坑外环境温差≤15 ℃。

降温时打开喷淋系统，降温速度≤15 ℃/h，坑内环境温度满足要求时系统自动关闭通风及喷淋，保持 1 h 自然冷却后打开蒸养盖，轨枕出车间后当环境温度大于 5 ℃时，洒水养护 3 d。

8. 放张

混凝土强度≥45 MPa、表面与外部环境温差≤15 ℃时，方可脱模，脱模前自动放张机放松紧固螺母，张拉到放张应力，用手锤敲打锚圈放张，缓慢回油，回应力时间 120 s(放张速率≤80 kN/s)。

先将钢模吊到放张台位，钢模滑到放张工位后，将张拉内套拧在张拉杆上，油顶外套上满丝扣。推动张拉小车调整高度，内外套对准，接口紧密并锁死，调整张拉顶位置，调平后，开始缓慢放张。新Ⅱ型轨枕放张拉力为 300 kN。

9. 脱模

放张后，将模具滑到翻转机上，将翻转机卡爪锁紧，开始动翻转臂(图 3—22)，模型翻转后脱出轨枕。当轨枕落到辊道，滚动运输到切割台固定位置后，将轨枕两端的预应力钢丝切断，缓慢升起翻转机翻到原位，不允许在带应力下直接切割钢丝(图 3—23)。

图 3—22　翻转脱模

图 3—23　轨枕钢丝切割

10. 保湿养护(图 3—24)

轨枕脱模后,使用叉车将轨枕运送至轨枕湿养区养护 3 天以上,由于肯尼亚常年温度在 5 ℃以上,不需要采取保温措施。轨枕湿养区安排专人进行洒水养护,保湿养护结束后再用叉车将轨枕运送至轨枕存放区进行码垛存放。

图 3—24　保湿养护

11. 模具清理

轨枕脱模后,空模具被输送到清理打磨工位,采用抛光机、自制铲灰刀等清理模具内的混凝土残渣、黏皮等其他附着物,尤其针对模具承轨台、橡胶棒部位,特别要将模型里的混凝土残渣用吸尘器清除干净,确保模具内表面清洁。清理完的空模具被输送到喷涂脱模剂工位,施工人员利用喷雾器人工喷涂,将脱模剂均匀地喷涂在模具内表面,同时用棉纱对模具进行擦拭防止积液产生。

12. 存放

按设计图规定部位,在新Ⅱ型轨枕顶面印压出产品型号、生产厂名、生产年份等标志,随后轨枕出厂(图 3—25),并按型号、日期和批次存放,不合格轨枕应单独存放,并做好标识。

轨枕存放和运输应按水平层次,轨底朝下正向放置。堆码应整齐有序,每垛高度新Ⅱ型枕为不超过 14 层。每层放置厚度≥50 mm 的支承垫木 2 根,规格为 50 mm×50 mm×1 200 mm,垫木位置放置在枕肩距边 5 cm 位置,轨枕垫木上下处于同一位置(图 3—26)。堆码牢固稳定,上下对齐,防止倒塌。起吊时应使用专门吊架,禁用麻绳起吊。

图 3—25 轨枕出厂

图 3—26 存放

第三节　机制砂轨枕预制质量控制要点

一、轨枕质量缺陷及原因分析

一方面，采用当地多孔火山岩作为轨枕混凝土骨料，多孔骨料容易产生气泡，使得轨枕混凝土在振捣不足的情况下产生较多的蜂窝结构，机制砂的和易性不佳，如果制备过程中不严格控制混凝土的配合比，在施工过程中不严格控制工艺因素，会造成混凝土轨枕中的气泡量过大，影响混凝土轨枕的外观形貌，在一定程度会降低混凝土轨枕的强度和耐久性。混凝土内部和表面形成的空隙和气泡，会在后续使用过程中形成应力集中区，可能会出现深度裂纹，从而严重降低混凝土的疲劳强度。不慎将带有缺陷的轨枕铺设在线路上，微小的缺陷会随着运营时间的积累和外界恶劣环境的影响，造成轨枕缺陷逐渐增大，行车过程中可能突然断裂，从而危及行车安全。

另一方面，肯尼亚全境位于热带季风区，旱季空气干燥，如果不及时进行有效养护，混凝土轨枕表层水分挥发过快，发生脱水现象，会导致混凝土黏结力缺乏，影响混凝土轨枕的强度与耐久性。

肯尼亚蒙内铁路轨枕生产由于混凝土原料及配合比变更及非洲特殊环境等因素影响，在生产初期产生的质量缺陷主要有气孔、麻面及蜂窝、缺棱掉角、挡肩开裂等。

（一）蜂　　窝

在肯尼亚蒙内铁路轨枕预制的初期，轨枕表面出现蜂窝缺陷，如图 3—27 所示。桥枕成品则在承轨槽处出现大量的大蜂窝，其他部位未出现。

经过研究分析，判断轨枕表面产生这种缺陷的原因主要有：(1)使用多孔火山岩作为混凝土粗骨料，这种多孔火山岩用于混凝土中容易产生气泡，使得混凝土呈现蜂窝结构，这一表征与最初的分析一致；(2)多孔火山岩骨料混凝土配合比不当，例如粗细骨料、水泥、水、减水剂的比例不合理；(3)脱模剂没有喷涂均匀，导致轨枕表面出现大量密集的小气孔；(4)混凝土振捣的时间不够，未能通过振捣排出气泡，留在混凝土内的气泡造成蜂窝缺陷。

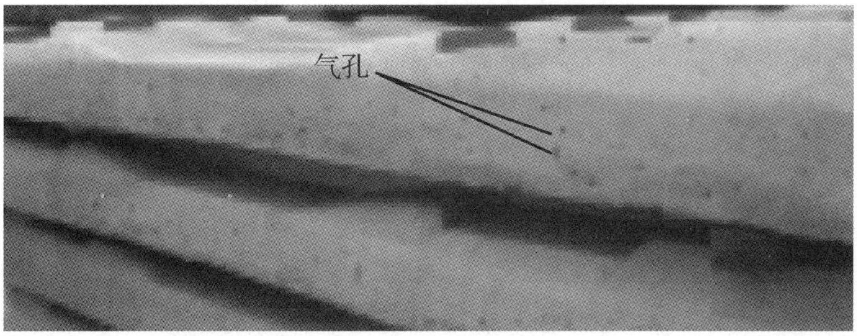

图 3—27　初期生产轨枕的气孔与蜂窝

(二)缺棱与掉角

轨枕预制初期生产时出现缺棱、掉角等缺陷。

经过研究分析,轨枕表面产生此类缺陷原因主要有:(1)轨枕混凝土搅拌不均匀,同时振捣不完全,造成轨枕棱角部分强度不足,在脱模或轨枕间磕碰时产生缺棱掉角;(2)模板侧面和底面粗糙不光滑,使得轨枕脱模的阻力大,无法依靠轨枕自身重力来脱模;这种缺陷与国内轨枕生产中出现的缺陷基本相同;(3)轨枕模板内部的润滑状态不良,主要受脱模剂的种类、浓度、喷涂均匀度以及外界气温等因素的影响。

(三)裂　纹

干旱、大温差是蒙内铁路行经地区的典型气候特征。同时,多孔火山岩骨料吸水率约为2.5%。为使轨枕混凝土能达到强度设计值,施工单位一般通过提高水泥用量来弥补多孔骨料等当地原材料及旱季燥热等特殊环境对混凝土强度产生的负面影响,但是这种方法又造成混凝土水化热过高,轨枕开裂的风险大大增加。

纵观轨枕的生产流程,轨枕裂纹产生的原因主要有:(1)原材料质量不过关。如粗细骨料含泥量较大,粉煤灰保管不当容易失效等;(2)蒸汽养护升温过快,养护池温度不均匀等;(3)未按照混凝土配合比制备混凝土,或原材料拌和计量不准。

(四)掉　肩

在脱模之初,自轨枕承轨槽根部产生的挡肩部位与轨枕主体间开裂分离(图3—28),即通常所称的掉肩。掉肩使得轨枕直接报废。

经分析,造成开裂的原因为:轨枕放张时张拉力过大,直接造成轨枕断裂,或者放张回油过快,轨枕所受预应力来不及均匀传递,使得张拉端两根轨枕受力最大,造成靠张拉端两根轨枕掉肩。

图3—28　张拉端轨枕挡肩开裂

二、轨枕质量控制措施

针对出现的上述质量缺陷，在进行原材料优选以及配合比设计优化研究的同时，调整轨枕生产工艺，采取相应的质量控制措施。

（一）蜂窝的控制

对于蜂窝缺陷，主要从配合比和工艺过程控制两个方面进行控制。

1. 配合比优化

优化多孔火山岩骨料混凝土的配合比，加强对配合比试验管理，保证各种材料投入的准确性。由于粗骨料为多孔结构，需要相对较多数量的河砂和水泥来裹覆和填充碎石之间的空隙和碎石表面的开口空隙，因此需要综合考虑掺和料、外加剂、碎石分级及水泥和河砂的加入量。通过对混凝土砂率、碎石级配、水泥、粉煤灰以及减水剂的比例适宜调整，使混凝土黏稠性降低，利于内部气体排出，从而减少混凝土外观气泡，同时提高多孔火山岩骨料预制混凝土轨枕耐久性和强度。

首先，采用粒径为 5～10 mm 与 10～20 mm 两级配，使其符合连续级配范围，其中粒径为 5～10 mm 小碎石占多孔火山岩骨料质量的 20%，粒径为 10～20 mm 大碎石占多孔火山岩骨料质量的 80%，使大粒径的碎石所占比重较大，这样做可以降低碎石之间的空隙率和碎石表面的开口空隙率，减少河砂及水泥的用量，降低成本。

其次，相对于常规的配比增加粉煤灰的加入量并对细度进行调整，调节了混凝土的强度等级，同时采用细煤粉灰可以降低粉煤灰的需水量，提高混凝土的流动性，利于内部气体排出。

最后，采用长分子链的聚羧酸系高性能减水剂，使其黏附与水泥颗粒上，依靠自身同种电荷相互排斥的物理特性增加混凝土的流动性，利于内部气体排出，同时聚羧酸系高性能减水剂能够释放混凝土颗粒包裹住的自由水，尽可能地减少混凝土中水的掺量；当单位混凝土所用减水剂 5.87 kg 时制备的多孔火山岩骨料预制混凝土，混凝土 30 min 增实因素损失减小，拌和物工作性能有所改善，混凝土黏度小流动性能良好，得到的预制混凝土的表观气泡较小且数量少。

通过合理调配掺和料、外加剂、碎石分级及水泥和河砂的加入量，通过混凝土室内试验，可得到用于当地的混凝土轨枕的多孔火山岩骨料混凝土配合比。其中每立方米混凝土中的原料质量比可采用如下配合比范围：水泥 410～420 kg、粉煤灰 70～80 kg、河砂 650～660 kg、多孔火山岩骨料 1 210～1 220 kg、水 135～145 kg、减水剂 5.5～6.5 kg、水胶比为 0.28～0.29。推荐采用：水泥 412 kg、粉煤灰 77 kg、砂 656 kg、多孔火山岩骨料 1 218 kg、水 137 kg、减水剂 5.87 kg、水胶比为 0.286。

采用上述方案后，新拌混凝土和硬化混凝土的性能指标如下：①新拌混凝土性能指标：增实因素 1.2、表观密度 2 560 kg/m^3；②硬化混凝土性能指标：混凝土在 50 ℃下蒸养 18 h 抗压强度 47 MPa，28 d 抗压强度 77 MPa。

由此可以看出，轨枕用混凝土完全满足我国混凝土轨枕的强度指标要求。

2. 加强工艺过程控制

在工艺过程控制方面，主要采取以下措施：①保持模板清洁，及时清除模板上的干硬水泥浆等杂物；②加强脱模剂涂膜的标准化，强化轨枕生产过程质量监督，保证模板脱模剂喷涂均匀；③加强混凝土振捣工序质量监督，要求必须将混凝土振捣均匀且气泡完全排除，方可停止振捣。

采取配合比优化和工艺过程控制两个方面的措施后，轨枕气孔明显减少，如图 3—29 所示。

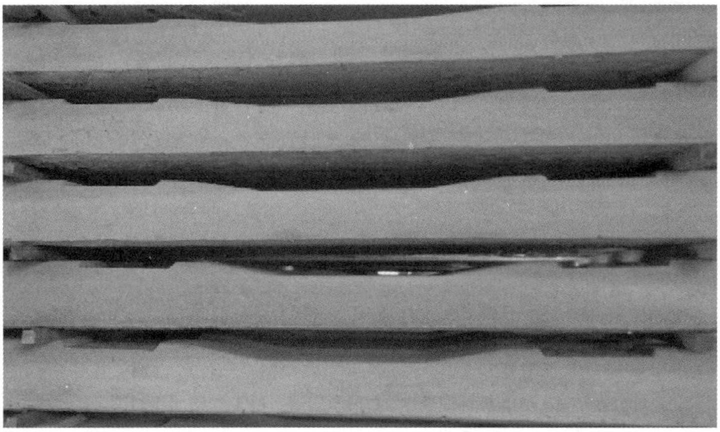

图 3—29　采取控制措施后轨枕

（二）缺棱掉角的控制

对于缺棱掉角缺陷，可以从以下三个方面进行控制：(1)加强混凝土制备工艺及混凝土振捣过程的质量监控，提高轨枕混凝土质量及振捣质量，在施工工艺上降低缺棱掉角缺陷的发生概率；(2)每个施工循环及时检查模板表面，及时打磨清理，每次循环模具清理完成之后，人工仔细清除模具内的混凝土残渣；(3)调整脱模剂种类、浓度比例，加强脱模剂涂膜的标准化，强化轨枕生产过程质量监督，保证模板脱模剂喷涂均匀。

（三）轨枕裂纹缺陷的控制

对于轨枕裂纹缺陷，可以从以下四个方面进行控制：(1)对原材料的来源进行严格把关，加强试验检测管理，混凝土各项原材应满足设计规范要求；(2)严格执行养护程序，每小时升温不得超过 15 ℃，每 5 min 做一次记录；轨枕养护期间，洒水保湿 3 d；(3)严格按照混凝土施工配合比配料；(4)严禁在较高应力状态下直接切割轨枕预应力钢筋。

（四）挡肩开裂的预防

对于轨枕开裂，采取以下措施进行控制：(1)控制好放张力，确保其不大于轨枕的设计张拉力，使用自动放张设备，调节好回油速度，使预应力均匀缓慢的传递到每根轨枕；(2)在绑扎轨枕钢筋时，在轨枕挡肩位置，绑扎两排竖向钢丝（图 3—30），固定两端，以增加挡肩位置混凝土抗剪能力。

经过试验验证，在混凝土挡肩位置绑扎竖向钢丝脱模后效果较好，基本没有出现轨枕挡肩开裂现象。

根据上述不同的问题采取相应技术措施后，肯尼亚蒙内铁路多孔骨料新Ⅱ型轨枕的缺陷发生概率大大降低，保证了蒙内铁路轨枕的生产质量。

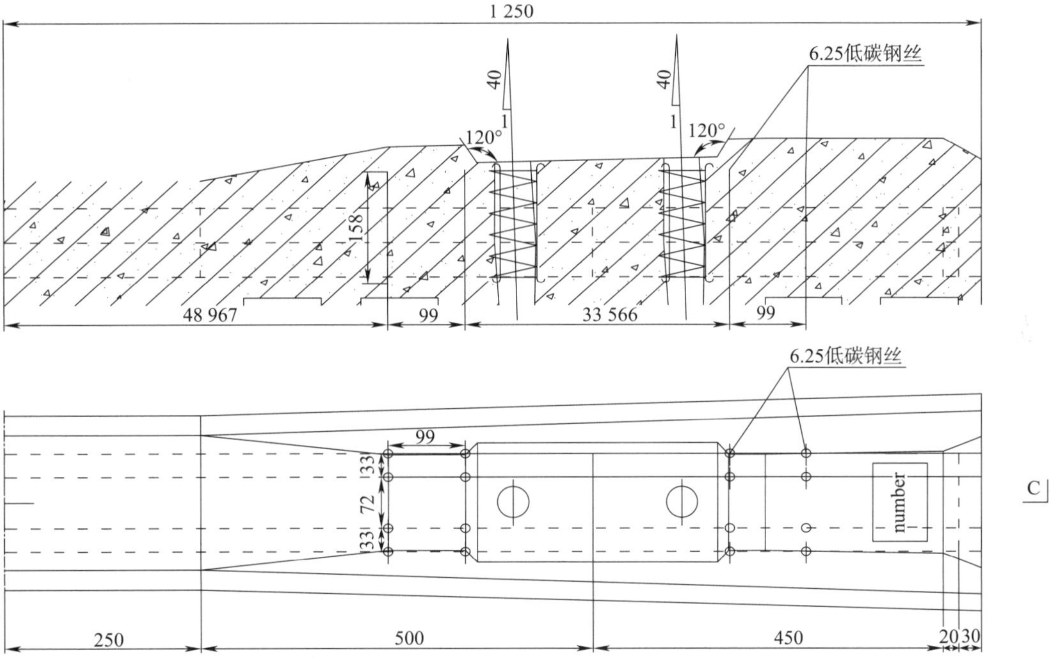

图 3—30　增设竖向钢丝后的轨枕示意图（单位：mm）

第四章　铺轨架梁关键技术

铺轨架梁施工是铁路建设中的一个关键环节，它对促进站前工程的施工，带动站后工程施工都有着巨大的作用。铺轨架梁作业作为一个系统工程，它以前方铺架作业为龙头，以铺架基地为大本营，以工程运输为纽带，轨排生产、工程运输、铺轨架梁、上砟整道等大范围流水作业。

本章以肯尼亚蒙内铁路、内马铁路为典型范例，介绍在海外地区应如何设置铺架基地，如何综合考虑铁路属地国法律法规、人文习俗等因素以做好铺轨架梁准备工作，如何通过科技创新展现中国现代化的铁路铺轨架梁技术，如何将铺架技术进行属地化转移以服务当地经济，如何提升上砟整道作业效率以保证工期并降低成本，如何组织新线工程运输以确保安全等。

第一节　铺架基地设置及轨排组装作业方式选择

一、铺架基地设置原则研究及典型范例

（一）铺架基地设置原则

普通标准轨距铁路的铺架施工，大都采用不同类型的铺轨机铺设成品轨排、架桥机架设成品梁，这就需要设置铺架基地进行轨枕预制、T 梁预制与轨排拼装。铺架基地也是铺架施工所用材料的存储中心和工程指挥中心。

由于海外铁路项目情况复杂，铺架基地设置更应及早谋划，综合考虑防恐、跨文化管理、征地拆迁、经济效益、进度、安全等方面的因素，使铺架地基均能满足各方面要求，在确保安全的前提下实现项目质量、经济、进度等目标，从而实现其属地化设置。为此，铺架基地应按以下原则进行设置。

1. 利于安保的原则

在高恐袭地区设置铺架基地，首先须遵循“利于安保”的原则。

铺架基地主要采取物防和人防相结合的原则，构建可靠、使用的安全防范系统。物防主要是从铺架基地的安全选址、建筑物的安保设计、设置屏障（壕沟、铁丝网和围墙等）。

铺架基地选择在开阔地（不应选择在低洼处），且应远离主干道的开阔空间区域，周界围栏 100 m 内尽量不出现建筑和居住社区，尽量避免对当地居民的干扰。同时，应为外来访问者预留充足停车位，外访者停车区域设置在营地以外，且在入口岗哨的视线范围之内。铺

架基地内还应为警戒塔、岗哨留有足够的空间。

2. 利于成本控制的原则

在"利于安保"的同时，铺架基地设置宜在铁路项目永久征地范围内，以减少临时征地的费用。部分生产生活设施可根据业主要求永久保留，做到永久工程和临时工程相结合，减少浪费。铺架基地范围内地势应平坦、居民房屋少，以减少前期征地拆迁和平整场地的费用。基地的设计规模要根据工程规模、进度要求和使用年限分期分批安排，通盘考虑，按经济、技术比选后决定。既要满足铺轨架梁要求并留有余地，又不能过多增加占地和资金。

3. 便于交通运输的原则

基地的位置应充分考虑其所承担的施工范围、工程量、当地的气象环境、水文地质、工程地质等因素。基地应与附近的公路相通。

(二)典型范例

肯尼亚蒙内铁路是海外铁路铺架项目中高恐怖袭击风险典型，其不可控风险主要有恐怖袭击活动、社会治安、部族冲突，可控风险则包括跨文化风险、盗抢事件、群体性事件。下面以肯尼亚蒙巴萨—内罗毕铁路铺架基地设置为例，在分析各种风险源的基础上，探讨铺架地基的安全选址、功能布局以及安保力量设置等。

1. 选址与基地布置方案比选

根据以往经验，从经济条件考虑铺架基地的供应半径，同时为了减少车辆占用、保证运输安全、加快铺架速度，供应半径以200～300 km为宜。新建蒙内铁路起始里程DK0＋000，终止里程DK471＋650，比较经济的选址范围是DK171＋650～DK300＋000，最佳的位置就是线路的中点，即DK235＋825附近。通过对现场进行调查，DK245附近(蒙内铁路右侧)，视线开阔且地势平坦，完全符合"利于安保"的原则。

由于DK245位于蒙内铁路中点附近，非常利于进行成本控制，且附近有公路通过，完全符合"便于交通运输"的原则。另外，DK241左侧约7.5 km有石场，取得石材开采许可手续后，可为铺架基地的制梁和制枕及道砟生产提供石材。

DK245铺架基地的布置有两种方案。

(1)方案一：将基地主要生产区如轨枕场、梁场、拌和站等设置在小里程侧蒙巴萨方向，里程为DK244＋700，此处由于地势比大里程侧高，为挖方区，可以减少填方数量，但挖方量较大，且征地较困难，基地建设进度较慢。

(2)方案二：将基地主要生产区如轨枕场、梁场、拌和站等设置放在大里程侧内罗毕方向，里程为DK245＋800，此处地势较低，为填方区，填方数量较少，且征地比较容易，可加快基地建设进度。

经过以上对比分析，通过征地进展难易程度，土石方工程数量和能否满足铺架工程工期要求，是否易于管理等方面综合比较，最终决定将铺架基地主要生产区设置在大里程内罗毕方向。

由于DK245铺架基地位于蒙内铁路的中点附近，远离居民区，地势平坦，利于安保、利于成本控制、便于交通运输，肯尼亚铁路局拟将该基地作为永久基地保留下来，足以说明该基地选址与基地布置方案的合理性。

2. 高恐袭风险区域安保力量配置

(1)敏感区域分析

经分析，DK245 铺架基地的高恐袭风险敏感区域有：铺架基地大门(恐怖分子可能驾驶载有爆炸性物质的车辆冲入大门，或通过大门道路进入项目生活区进行恐怖袭击)、项目部生活区(由于袭击外国人员会造成比较大的影响，这也使得我国施工人员是恐怖袭击的重点对象，因此项目部生活区是敏感区)、炸药库(恐怖分子可能偷盗、抢劫甚至引爆炸药)、临时营地(作为我国施工人员比较集中的地方，易遭到恐怖袭击)、碎石场(由于很难设置栅栏等营地周界，使得恐怖袭击的难度降低)。这些敏感区域须加强物防和人防，物防主要是设置壕沟、铁丝网、电网、安检设施、监控设备、照明设备等，人防主要是除了布置一定数量的保安外，还布置一定数量的武装警察。

(2)物防措施

物防措施实际上就是安保设施，主要包括周界、碉堡(图 4—1)、进入路线、出入口、通行控制、安检、照明、水电设施防护、访客管理、电子安防系统、消防、通讯、医疗急救等。在营地周围(围墙转角)建立岗亭，出入口设检查站；基地大门 24 h 由地方保安和武装警察把守，在围墙上安装电网、摄像头和警报器(图 4—2)。

图 4—1　碉堡(带射击孔)

项目部办公生活区是恐怖袭击的敏感区域之一，采用电网、壕沟两道防护。壕沟在电网的外侧，深度不小于 1 m，宽度不小于 1 m，挖出的土石不应堆放在壕沟外侧。壕沟与铁丝网之间尽量缩短距离。入口处设立门卫岗亭。门卫岗亭配备消防器材和通信工具，并应安装监控摄像头和报警按钮。设置起落杆，起落杆在平常应保持落下状态，用于隔离待检查车辆，防止车辆强行冲撞。待车辆检查完毕后抬起，供车辆通过。在升降栏杆外设置带刺路障，以防止恐袭车辆或汽车炸弹进入铺架基地。夜间各铺架基地出入口处配备防冲撞设施(拒马桩)，主要用于防止铺架基地夜间遭车辆强行冲撞。

图 4—2　墙顶摄像头、电网和警报器

铺架基地内在距离主入口外 100 m、50 m、25 m 处道路路面摆放连续的反恐破胎器(图 4—3)，以迫使入侵车辆在进入前减速或转弯。在主入口外的适当位置设置路障，使进入路线呈两个 90 ℃的急弯，以迫使车辆降低车速。同时设置掩体和瞭望塔(图 4—4)，用于监视来往车辆并阻击恐袭车辆。

图 4—3　反恐破胎器

图 4—4　掩体与瞭望塔

铺架基地周界和瞭望塔的内外两侧安装监控设施，确保临时营地内的监控范围“横向到边，纵向到底，不留死角”。沿周界和内部道路每隔 30 m 设置一盏节能灯。主入口处道路两侧各设置两盏节能灯，确保待检查人员和车辆四周没有阴影。围墙内侧 5 m 处应设泛光灯，每只泛光灯之间的最大间距为 75 m，灯光方向朝外。调整灯光的高度和照射角度，确保照明范围覆盖周界以外至少 10 m、周界以内 5 m。每座瞭望塔上设置一盏配有备用电源的探照灯，照亮距离须达到 100 m 以上。建筑物墙体的外立面应有灯光照明，照明高度最低为地面以上 2 m。周界灯光、内部道路灯光、办公区及作业区灯光均应实现一键开关。

临时营地也属于恐怖袭击的敏感区域。临时营地的周界入口、门卫室、瞭望塔、安检点等部位安装紧急报警器。警报器安装在不易被人发现和破坏的位置，数量应足够多，以确保所有区域的所有人员都能清晰听到警报。视频监控系统应在周界、进入路线、安检点、周界入口、营地场院内、宿舍区等部位安装。其中，周界营地场院、应安装红外旋转摄像头，其余为固定摄像头。摄像头应安装在不易发现和破坏的地方，距地面应有一定高度，各个摄像头采集的画面应能重叠覆盖。摄像头的清晰度至少为 480 线或更高。各类电子安防系统均应定期进行检查，其中摄像头和传感器应每天进行检测，其余系统应每周检测一次，确保工作正常。上述系统如发生故障，必须在 12 h 内修复。在铺架基地的空地上设置供发生火灾时紧急疏散的人员集合点。结合应急通道的设置，在铺架基地内各个区域设置火灾逃生通道。临时营地应配备能一次性撤出所有中方人员的车辆。临时营地应为公共安全管理部门和警察配备至少一辆巡逻车辆。

周界留有 4 个隐蔽逃生门，供项目部办公生活区内的人员和车辆在突发紧急事件时撤离。应急出口的材质、外形、颜色等与其旁边的周界相同，确保从周界外看不出应急出口与周界的区别。应急出口在平时应处于关闭状态，紧急时刻能快速打开。考虑营地的防火问题，需在周界围墙内侧配备灭火器。

(3)人防措施

人防措施即配置安保力量，关键地点包括岗楼、保安室、炸药库、临时营地、碎石场。保安室之间通视良好，确保紧急情况下的协调配合。保安室昼夜安排保安人员值班。

营地主入口处应设置证件查验点，对进出营地的所有人员和车辆进行证件查验和通行控制。人员通行证件须显示持证人的照片、本人签名，使用不同的颜色和标记（例如数字、字母、色块、图案等）区别不同类型的人员和使用区域。人员证件和车辆证件均应便于识别，通行证件的使用、控制及回收应方便易行。证件查验可采取由门卫人工目视查验的方式完成。

人员安检应同时检查随身携带的行李物品，车辆安检应检查车厢、后备箱和底盘。在人员和车辆进出流量不大的情况下，安检工作可由门卫完成。如果进出营地的人员和车辆流量较大，则应安排警察协助。人员安检通道应配备手持式金属探测仪。车辆安检通道应配备汽车底盘反光镜。

二、轨排组装方式选择

轨排组装的作业方式可分为活动工作台作业和固定工作台作业两种，活动工作台作业方式组装轨排又分为单线往复式和双线循环式两种。作业方式不同，使用的机具设备和作业线的布置也不同。因此，在轨排组装前，应根据具体情况确定作业方式。当只需要少量轨排时，可由人工在铺架基地直接组装即可。

双线循环式生产线与单线往复式在原理上基本相同，但其土建工程量多，铺轨长，轨料装卸和存放差，组装线、占地面积较大，而且在我国轨排生产中也已基本被淘汰，故在方案比选时一般不予考虑。而单线往复式和固定台位式则各有优缺点，还需进一步的比较。

1. 技术比较

主要从技术难易程度、质量要求及对人员技术素质要求两方面比较。

(1)技术难易程度及对人员技术素质的要求

单线往复式作业线制造技术较复杂，加工精度高，安装调试有一定难度，但一般具备铺架资质的施工单位均能自行制造和安装。固定台位式不需加工作业线。

单线往复式作业线对生产技术要求高，尤其是锚固、匀枕、走行起落控制等，但经过一段时间的培训和实践是可以掌握的。固定台位式生产较简单。

总体看：两种作业方式的技术要求均不太难。

(2)质量要求

轨排生产的关键在于硫磺锚固工序，单线往复式作业线采用固定式反锚锚固架，在灌浆深度，道钉的垂直度、高度方面均可保证；而固定台位式生产轨排为正锚，在上述这几个方面达不到反锚的精度，稍不注意就会出现误差超标现象。至于其他工序的质量标准只要严格按相关验标和规范以及设计文件执行，就可满足质量要求。由于铁路属地国当地员工基本上为硫磺砂浆作业的新工人，正锚质量更加难以得到保证。

从技术和属地化特性比较可得出这样的结论：采用单线往复式反锚作业线为宜。

2. 工期比较

在现代铁路建设中工期要求都很紧，正线进度按日历天数计划要求达到数百米，这就要求轨排生产能保证供应，且在大距离铺轨时亦能满足要求。对单线往复式反锚作业线和固定台位式正锚作业线加以分析，前者每班(12 h)的产量为 1 km，若 24 h 生产，可达 2 km，可充分满足铁路建设对进度的要求。而后者每天(24 h)平均生产 0.6 km，很难满足新线建设对进度的要求。可见，从工期角度来看应采用单线往复式反锚作业线。

从上述综合比较可知，正常情况下以采用单线往复式反锚作业线生产轨排为宜。

第二节　属地化铺轨技术

随着铁路技术的发展，现在的铺轨作业包括长钢轨的铺设，也就是将厂制的长钢轨一次铺设到已经整修好的线路上，再进行钢轨焊接，构成无缝线路。限于篇幅，本书仅介绍铺轨机铺设轨排施工技术。

一、铺轨准备工作

铺轨工程是一项时间紧、任务重、劳动强度大得多工种联合作业，在铺轨中，各个环节是互相衔接，互相影响的，只有抓住主要环节带动一般环节，才能组织好不间断的施工。除此以外，还必须事先做好以下各项铺轨前的准备工作，才能使铺轨工程能顺利进行。

(一)施工标准规范准备

在海外进行铁路轨道铺设时，施工过程中采用标准规范时须注意，世界各国采用标准规范时有所不同。欧美国家有自己的完善的轨道施工规范，施工中必须采用其标准规范；中东、南美、北非、东南亚部分地区的国家没有制定自己的标准规范而是引进了欧美标准规范，且已经得到了广泛应用，轨道铺设施工前应详加考察；南亚部分地区、非洲其他地区，既无推广使用的国家标准，也未系统性地引进国外的标准，大部分工程使用工程项目承包商提出的标准，我国铁路施工企业在轨道铺设前应与所在国有关部门反复确认是否采用中国标准。

施工人员应认真阅读并精准掌握所应遵循的施工规范的相关内容。

(二)施工调查

铺轨前应做好施工调查，主要内容包括：(1)精准了解铺架沿线部落、居民的文化习俗、宗教信仰、社会治安等；(2)精准了解当地雇员的工作习惯、背景等；(3)复核经批准的施工设计文件，收集与轨道施工有关的工程竣工资料及变更设计文件；(4)了解与铺轨有关工程的施工进度，核查路基、桥梁等工程有关资料及工程外观，核实铺轨进度计划；(5)调查道砟的运输条件，提出铺砟方案；(6)核查各种电线路、临时建筑物等建筑限界；(7)调查道口附近地形、地貌和车辆通行情况，并提出维持道路交通的临时措施；(8)调查沿线水源、电源情况，落实用水、用电计划；按铺轨计划进度，落实各种轨料来源；(9)收集沿线的气象资料及轨温变化规律等有关情况，例如在肯尼亚蒙内铁路施工前，施工单位对肯尼亚的气温资料进行了调查，见表4—1。

表4—1 肯尼亚各地区最高、最低气温及最高、最低轨温

地　　区	最高气温	最低气温	最高轨温	最低轨温
锡卡	24	11	44	11
沃伊	33	16	53	16
内罗毕	26	10	46	10
纳库鲁	28	9	48	9
蒙巴萨	33	20	53	20
马萨比特	26	14	46	14
马林迪	32	22	52	22

续上表

地　　区	最高气温	最低气温	最高轨温	最低轨温
马金杜	31	14	51	14
洛德瓦尔	36	22	56	22
拉穆	31	23	51	23
卡卡梅加	27	13	47	13
基西	27	12	47	12
基苏木	32	16	52	16
加里萨	37	21	57	21
恩布	30	14	50	14
阿西河	25	12	45	12
埃尔多雷特	26	9	46	9

注：1. 本表温度单位为℃；
2. 最高轨温为最高气温加 20 ℃，最低轨温与最低气温相同。

（三）编制实施性施工组织设计

海外铁路铺架工程的实施性施工组织设计的主要内容包括：机构设置及劳动力组织；主要施工方法及施工安排；轨道部件用料计划及供料方式；铺架基地设置，沿线临时工程，通讯及行车控制方案；生产及生活水、电供应方案；施工机械及检测设备调配计划；工程运输组织及机车车辆配置计划；安全、质量、工期保证及环境保护措施等；铺架施工沿线的安保方案（包括铺架工程概况、安全形势、恐袭形势、安防对象、安保对象、防范措施、临时营地安保设施建设及配备、安保工作的组织指挥、安保力量配备与部署、应急预案、通讯联络、公共安全联动工作机制、安全保障、紧急撤离等）。

（四）机械铺轨作业准备

铺轨作业一旦开始，则表现为连续作业，涉及面广，头绪多，工期紧，是全线工作的焦点。为保证铺轨作业的顺利进行，施工单位在正式铺轨前，必须按照施工组织设计的安排，找有关单位收集“线下工程”施工资料。

铺轨前的路基应由路基施工单位按设计标准及铁路路基施工规范要求整修好。铺好底砟或砟带，按规定测设好各特征桩并经铺轨作业单位检查认可。铺轨单位一般重点督促、检查并协助线下施工单位做好铺轨施工文件准备和线下基础工程方面的准备。

（五）道砟的采备、装卸与运输

道砟生产是铁路铺架工程的一个重要环节，它涉及到确定道砟来源、砟场分布、以及片石的开采、道砟加工、装车、运输等问题，必须统筹考虑，合理安排，做到经济合理，质量符合要求。

施工过程中所需道砟，有条件时应尽量利用铁路沿线的一些可用资源，如隧道弃砟、路堑石方的弃砟就近改锤，并事先上到附近地段上。沿线有地方砟场的直接进行购买和分包给铺架项目所在国当地企业，若营业线通过能力允许、获得铺架项目所在国铁路部门许可，也可以从营业线砟场购砟。所有这些措施均需结合道砟的数量、质量、采集、加工、运输的成本、工期等条件统筹考虑。

铺砟工程所需砟量巨大，一般不可能全部从原有砟场采购，在符合铺架项目所在国当地法律法规、文化习俗、宗教信仰等的前提下，施工单位可自行开辟砟场，开采加工。另外，由于用砟地点是分布于全线的，因此，砟场的数量不宜过少。否则，产量既难满足要求，运距也会过长，使运砟费用过高。砟场数量及其位置，应据开辟费用和运输费用，进行经济比较后决定。设计文件中安排的永久砟场应考虑从优筹建，选择砟场时应充分考虑如下几方面。

(1)石质是否符合铺架项目所在国关于道砟验收标准的有关规定要求；采用中国标准的，石质是否符合现行道砟验收标准的有关规定要求；

(2)砟场的开采面积、岩层平均厚度、覆盖层平均厚度；

(3)砟场能否铺设与车站或正线相连接的便线，便线的平、纵断面，工程量大小等；

(4)砟场开采、加工、装车可能采用的方法及条件；

(5)防洪及排水条件；

(6)砟场在线路中的位置；

(7)砟场的选址、开采方案等是否符合铺架项目所在国关于环境、矿山等当地法律法规的要求，是否与当地的文化习俗、宗教信仰等有所冲突；若有冲突，是否能妥善解决。

(六)预铺道砟

在铺轨施工前应预铺设一层道砟，预铺道砟的厚度应为铺轨后的上砟捣固预留一定的起道量，一般预留起道量不能小于 5 cm。但在实际的施工过程中从经济的角度考虑，通常情况下枕下预铺道砟用载重汽车运至铺设地点，运输的成本比火车运输的成本大，为降低施工费用，可以按照施工工艺最低限制厚度 15 cm 进行铺设。

(七)轨道主要材料验收

轨道材料应满足设计文件要求，并应符合铺架项目所在国现行有关标准的规定；采用中国标准的，应符合现行有关标准之规定。各类轨道材料，供方应按要求提供所遵循的国家或行业质量标准(含检验方法)，同时应按照标准规定的批量，出具产品检验合格证。施工单位应对规格、型号、数量等进行核对，对几何尺寸进行核查。

各种主要轨道器材均应在使用前预加整配；不能整修合格者应剔除；搬运装卸时不得抛掷；材料堆码应基底平实，底层架空；地面应有良好的排水系统；各类材料的堆码应便于装卸、取放、清点，并做好标识。

二、轨排铺设

(一)非长桥地段正线铺轨

轨排一般采用铺轨机进行铺设，铺轨机一般是指能在自己所铺的轨道上进行作业的铺轨机械。在海外进行铁路铺架施工选用铺轨机时，特别注意应符合铺架项目所在国的法律法规有关规定，当采用中国技术标准时，可从我国铁路现在使用的铺轨机 PGX-30 型铺轨机、DP-28 型铺轨机、DPK-32 型铺轨机、PG32 型铺轨机、PG32 型铺轨机等型号中选取。无论采用哪种型号铺轨机，其程序都基本相同。以 PG32 型铺轨机为例，其铺设铺轨作业流程见图 4—5。在海外铁路上进行轨排铺设，其关键技术与国内相同，无须做大的改变。

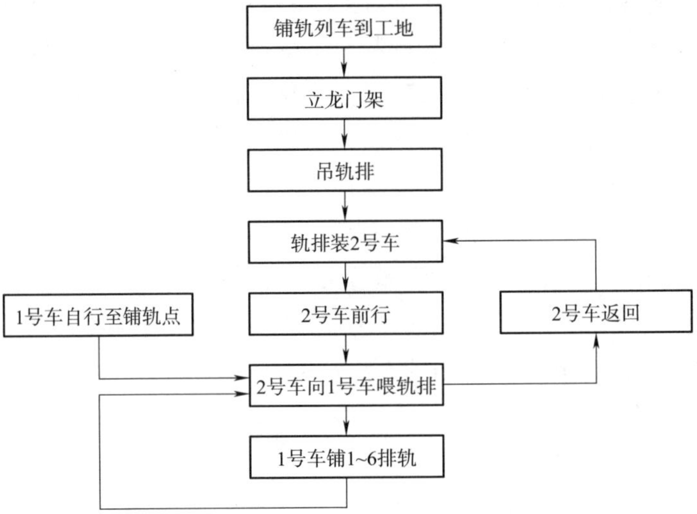

图 4—5　PG32 型铺轨机铺轨作业流程

（二）桥面轨的铺设

1. 铺设方法的分类

桥面轨的铺设，属于铺架联合作业。当一孔梁架设完毕后，只有及时、快速地铺设桥面轨才能使架桥机继续前进架设其余各孔梁或铺设线路轨排。桥面轨的铺设通常有以下三种方式：第一，使用架桥机直接铺设桥面轨排，对于简支式架桥机可利用大臂上的吊轨小车起吊轨排，按程序依次作业；第二，用铺轨机铺设，当架桥机铺设轨排不方便或进度较慢，而且在桥头附近有岔线，或设有临时交会所，或桥头离车站较近时，可利用铺轨机铺设桥面轨排。铺设桥面轨排具体程序是：(1)将铺轨机停放在靠近桥头的岔线内；(2)架桥机架完一孔梁后退回，退至岔线外（注意不要侵入铺轨机限界）；(3)铺轨机从岔线内开出行至桥上待铺轨排处，按正常铺设程序铺设桥面轨排；(4)铺完后铺轨机退至岔线内；(5)架桥机前行继续架梁作业；(6)如此循环直至铺架完毕。第三，采用人工或机械铺设临时桥面轨，待整座桥架设完毕后再换铺正式轨排。在具体施工时，究竟采用哪种方式铺设，可据具体情况确定。

由于轨端与桥台胸墙的距离往往不一致，加之梁和轨排长度不同，致使大多数情况下已铺轨排无法满足轮轨式架桥机走行和架梁需要，这就要拼装工具轨排作为架桥机的临时轨道。

2. 工具轨排规格的确定

在大多数的轮轨式架桥机使用说明书中，有“接短轨的长度较架桥机对位位置留出不小于 1.5 m 的安全距离”之规定，即工具轨排前轨端必须超出架桥机第一轮位中心 1.5 m，但在《铁路架桥机架梁规程》中未明确该要求。而铁路轨道工程施工安全技术规程有关规定，铺轨机前轮不应超过已铺轨排前端的第三根轨枕。轨枕间距若按 0.6 m 考虑，则第一轮位中心前端的轨长不短于 0.6×2.5=1.5 m。据此，可以认为架桥机与铺轨机第一轮位的规定一致。当轨枕间距减小为 0.5 m 时，第一轮位中心前端的轨长不短于 0.5×2.5=1.25 m。

以 TJ165 架桥机架设 32 m T 梁并铺设 25 m 轨排为例，当主机架梁对位时，五轴转向架第一轮中心到胸墙(或已架梁端)的距离为 2.47 m。在实际施工中，我单位的工具轨排的轨枕间距按 0.5 m 钉联，因此，为安全起见，轨端到胸墙(或已架梁端)的距离不应大于 1.22 m。

根据上述分析，当所铺 25 m 轨排前端与胸墙(或已架梁前端)间的距离≥1.22 m 时，应铺设工具轨排组，使工具轨排组前端与胸墙(或已架梁前端)间的距离 L≤1.22 m。

表 4—2 列出了工具轨排加工规格，其中，钢轨轨型应与所铺线路一致，轨枕采用木枕，钢轨与木枕使用勾头道钉和铁垫板组装成工具轨排(除 1.0 m 短轨排按 0.33 m 间距均匀布置轨枕外，其余所有长度工具轨排按 0.5 m 间距均匀布置轨枕)，为保持轨距，所有工具轨排均装设轨距拉杆。

表 4—2　工具轨排规格与组数

序号	规格		组数
	工具轨排长度(m)	轨枕根数	
1	1.0	3	1
2	1.5	3	1
3	2.0	4	1
4	3.0	6	2
5	3.5	7	1
6	4.0	8	3
合计	—	—	9

通过对工具轨排做不同的组合，可拼装长度为 1.0～24.5 m 的工具轨排组合(表 4—3)，从表 4—3 可以看出，无论采用哪一种组合，总能确保工具轨排前端与梁(或胸墙)前端之间距离小于 1.22 m，从而确保架桥机的作业安全。

表 4—3　工具排编组情况

序号	短轨排编组	工具组合长度(m)	适合的 25 m 轨排轨端与梁端(或胸墙)间距离(m)	工具轨排轨端与梁端(或胸墙)的距离 L(m)
1	无	无	0～1.0	<1.0

续上表

序号	短轨排编组	工具组合长度(m)	适合的 25 m 轨排轨端与梁端(或胸墙)间距离(m)	工具轨排轨端与梁端(或胸墙)的距离 L(m)
2	1.5 m	1.5	1.5～2.0	<0.5
3	2.0 m	2.0	2.0～3.0	<1.0
4	3.0 m	3.0	3.0～3.5	<0.5
5	3.5 m	3.5	3.5～4.0	<0.5
6	4.0 m	4.0	4.0～4.5	<0.5
7	1.5 m+3.0 m	4.5	4.5～5.0	<0.5
8	2.0 m+3.0 m	5.0	5.0～5.5	<0.5
9	2.0 m+3.5 m	5.5	5.5～6.0	<0.5
10	2.0 m+4.0 m	6.0	6.0～6.5	<0.5
11	3.0 m+3.5 m	6.5	6.5～7.0	<0.5
12	3.0 m+4.0 m	7.0	7.0～7.5	<0.5
13	3.5 m+4.0 m	7.5	7.5～8.0	<0.5
14	4.0 m+4.0 m	8.0	8.0～8.5	<0.5
15	2.0 m+3.0 m+3.5 m	8.5	8.5～9.0	<0.5
16	2.0 m+3.0 m+4.0 m	9.0	9.0～9.5	<0.5
17	2.0 m+3.5 m+4.0 m	9.5	9.5～10.0	<0.5
18	2.0 m+4.0 m+4.0 m	10.0	10.0～10.5	<0.5
19	3.0 m+3.5 m+4.0 m	10.5	10.5～11.0	<0.5
20	3.0 m+4.0 m+4.0 m	11.0	11.0～11.5	<0.5
21	3.5 m+4.0 m+4.0 m	11.5	11.5～12.0	<0.5
22	4.0 m+4.0 m+4.0 m	12.0	12.0～12.5	<0.5
23	2.0 m+3.0 m+3.5 m+4.0 m	12.5	12.5～13.0	<0.5
24	2.0 m+3.0 m+4.0 m+4.0 m	13.0	13.0～13.5	<0.5
25	2.0 m+3.5 m+4.0 m+4.0 m	13.5	13.5～14.0	<0.5
26	3.0 m+3.0 m+4.0 m+4.0 m	14.0	14.0～14.5	<0.5
27	3.0 m+3.5 m+4.0 m+4.0 m	14.5	14.5～15.0	<0.5

续上表

序号	短轨排编组	工具组合长度(m)	适合的 25 m 轨排轨端与梁端(或胸墙)间距离(m)	工具轨排轨端与梁端(或胸墙)的距离 L(m)
28	3.0 m+4.0 m+4.0 m+4.0 m	15.0	15.0～15.5	<0.5
29	3.5 m+4.0 m+4.0 m+4.0 m	15.5	15.5～16.0	<0.5
30	1.5 m+3.0 m+3.5 m+4.0 m+4.0 m	16.0	16.0～16.5	<0.5
31	1.5 m+3.0 m+4.0 m+4.0 m+4.0 m	16.5	16.5～17.0	<0.5
32	2.0 m+3.0 m+4.0 m+4.0 m+4.0 m	17.0	17.0～17.5	<0.5
33	2.0 m+3.5 m+4.0 m+4.0 m+4.0 m	17.5	17.5～18.0	<0.5
34	3.0 m+3.0 m+4.0 m+4.0 m+4.0 m	18.0	18.0～18.5	<0.5
35	3.0 m+3.5 m+4.0 m+4.0 m+4.0 m	18.5	18.5～19.0	<0.5
36	1.5 m+2.0 m+3.5 m+4.0 m+4.0 m+4.0 m	19.0	19.0～19.5	<0.5
37	1.5 m+3.0 m+3.0 m+4.0 m+4.0 m+4.0 m	19.5	19.5～20.0	<0.5
38	2.0 m+3.0 m+3.0 m+4.0 m+4.0 m+4.0 m	20.0	20.0～20.5	<0.5
39	2.0 m+3.0 m+3.5 m+4.0 m+4.0 m+4.0 m	20.5	20.5～21.0	<0.5
40	1.5 m+2.0 m+3.0 m+3.0 m+3.5 m+4.0 m+4.0 m	21.0	21.0～21.5	<0.5
41	1.5 m+2.0 m+3.0 m+3.0 m+4.0 m+4.0 m+4.0 m	21.5	21.5～22.0	<0.5
42	1.5 m+2.0 m+3.0 m+3.5 m+4.0 m+4.0 m+4.0 m	22.0	22.0～23.0	<1.0
43	1.5 m+3.0 m+3.0 m+3.5 m+4.0 m+4.0 m+4.0 m	23.0	23.0～24.0	<1.0
44	1.0 m+1.5 m+3.0 m+3.0 m+3.5 m+4.0 m+4.0 m+4.0 m	24.0	24.0～24.5	<0.5
45	1.0 m+2.0 m+3.0 m+3.0 m+3.5 m+4.0 m+4.0 m+4.0 m	24.5	24.5～25.0(不含)	<1.0

3. 工具轨排承载架的研发

在有砟轨道长桥上使用轮轨式架桥机架梁和铺设轨排的施工工艺基本流程见图 4—6。

从工艺流程图可以看出，若工具轨排不随架桥机主机装载，而将其存放在桥头，势必造成工效低下，进而影响施工进度和资源浪费。因此，有必要在架桥机主机上加装工具轨排承载架及横移小车。

为保证架桥机主机的左右承载平衡，考虑在两侧承载架加装工具轨排。承载架需要定制，结构见图 4—7。支撑梁一端与架桥机侧面呈一定角度连接，提升臂顶端铰接连接在支撑梁另一端，支撑轨道水平铺设在架桥机工作平台上并伸出架桥机工作平台侧面，支撑轨道一端固定连接在架桥机工作平台上，另一端垂直连接在提升臂底端。短轨车在支撑轨道上行走。图 4—8 为停放于支撑轨道上的短轨车实物图。

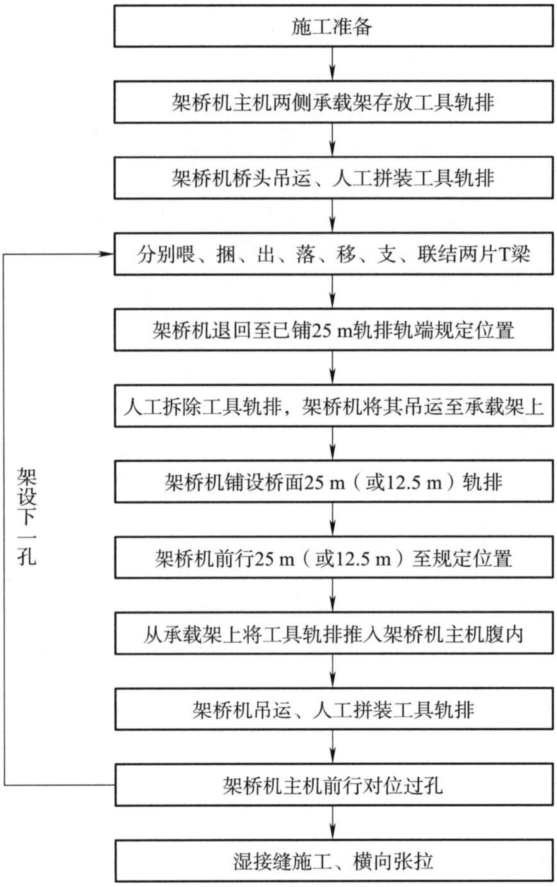

图 4—6　架梁铺轨施工工艺基本流程

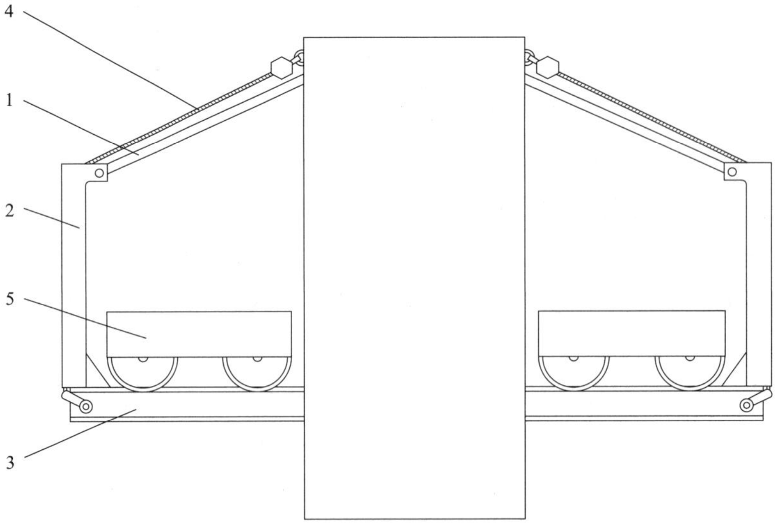

图 4—7　工具轨排承载架侧视图

1——支撑梁；2——提升臂；3——支撑轨道；4——钢丝绳；5——短轨车

图 4—8　停放于支撑轨道上的短轨车实物图

4. 效果分析

通过工具轨排的加工制造及灵活组合，工具轨排承载架及横移小车的设计制造并投入使用，采用 TJ165 型轮轨式架桥机架设 T 梁和铺设桥面轨排的速度大大加快，施工安全性也得到较大程度上的提高。希望该技术改造能够抛砖引玉，对广大同仁有所启示，为铁路铺轨架梁工作提供更有利的技术支撑。

三、道岔铺设

世界各国的道岔号数有所不同，构造特点也有所区别。因此在海外进行道岔施工，须先熟悉图纸、了解道岔的构造特点、铺设注意事项等。限于篇幅，此处不再介绍道岔铺设技术。

四、上砟整道

上砟整道施工程序一般为：铺底砟(底砟铺设单位完成)→铺设轨排→风动卸砟车上砟→第一、二次人工整道→大机分次上砟整道→精细整道→质量检测→竣工验交。

(一)作业准备

1. 施工人员和机械机具准备

上砟整道作业技术要求高，安全风险高，应提前对所有机械操作人员进行培训，经考试合格并持证上岗，对所有上线作业人员进行安全和业务培训。同时根据工程量、工期等进行劳动力和机械设备配置。劳动力采用架子队组织模式。施工人员根据施工方案、机械、人员组合、工期要求进行合理配置。上砟整道施工人员配备见表 4—4。设备机具配置见表 4—5。

表 4—4　上砟整道施工人员配备(肯尼亚内马铁路为例)

序　　号	人员类别	数量	备　　注
1	队长	1	国内聘用
2	副队长(兼安全员)	1	国内聘用
3	测量员	3	国内聘用
4	线路工	9	采用肯尼亚当地雇员
5	小型起拨道机、小型捣固机、小挖机操作人员	32	采用肯尼亚当地雇员
6	大养机操作人员	6	国内聘用
7	配合劳工(人工清道、道心补砟、匀砟等)	248	采用肯尼亚当地雇员

表 4—5　上砟整道施工机具配置(肯尼亚内马铁路为例)

序　　号	机具名称	型　　号	单　　位	数　　量	备　　注
1	动力稳定车	WD-320	台	1	国内制造
2	双向道床配砟整形车	SPZ-200	台	1	国内制造
3	连续式捣固车	DC-32IV	台	1	国内制造
4	内燃液压起拨道机		台	9	国内制造
5	内燃捣固机		台	18	国内制造
6	小挖机		台	4	国内制造
7	道砟叉		把	200	当地生产
8	道尺		把	9	国内制造

2. 技术准备

包括技术资料准备、现场测量和施工调查。

(二)装卸道砟作业

目前,我国常用的卸砟方法有人工卸砟和风动卸砟车卸砟两种方式。对于新建铁路,一般采用后者。

在我国,风动卸砟车以 K13 型、K13N(K13A)型、K13NA 型、K13NT 型、K13NK 型、KZ70 型为主型产品。卸砟列车一般由 15～20 辆风动卸砟车组成。海外铁路铺架工程所采用机械视所在国法律法规规定选用。图 4—9 所示为肯尼亚蒙内铁路铺架工程所采用的 KZ70 型风动卸砟车。

(三)整道作业

整道作业在现行条件下有人工整道和机械整道两种作业方式。人工整道时一般携带撬棍、道镐、起道器、道砟叉、钯镐、轨缝调整器、道尺、拨道器及扳手等,按照整道计划,逐步进行整道作业。

图 4—9　KZ70 型风动卸砟车

整道机械可分为单项作业机械和联合作业机械。单项作业机械主要是少数人可以搬运、安装、拆卸的小型机具，适用于列车间隔时间少和比较狭窄的地段上的作业。这种机械主要配合上砟整道的一般要求进行。常用的有上砟机械、匀轨缝机械、起道机械、拨道机械、捣固机械、道砟夯实机械等。联合作业机械是将几种作业联合在一台机械上进行的大中型轨行机械。其特点是以车体为支点，以较大的自重作为起拨道、捣固等作业的反力，并用较大功率的机械进行操作，从而可以高速地进行某些联合作业，常用的有配砟整形车和起拨道综合捣固机。

在肯尼亚使用的大型施工机械，均采用我国铁路铺轨先进施工设备。以 DC-32IV 捣固车为例，该捣固车具有步进式双枕线路捣固功能，其捣固装置为 4 捣固单元结构，共计 32 个捣固镐，振动频率 35 Hz。采用 4 个捣固单元的捣固装置可以进行组合，可以双枕捣固，必要时还可以实现单枕捣固作业。整体式起拨道装置可以准确可靠完成强力起拨道动作。AGC 轨道几何参数计算机系统能够为捣固车起拨道作业提供理论几何参数。AGC-R 轨道参数记录与作业质量评估系统，可以精确测量捣固作业的线路精度，并对作业过程和作业质量进行评估。

（四）整理道床

对道砟不均匀地段进行匀砟，对经大机养护过的线路道砟不饱满地段进行补卸砟。对道床的枕木盒、砟肩、堆高及坡度进行全面整理，以达到规范要求。道床达到稳定状态时，其状态参数应达到铺架项目所在国所遵循的《铁路轨道工程施工质量验收标准》。

（五）海外铁路上砟整道作业效率提升研究

1. 研究的目的

上砟整道作业是铁路道床形成的过程。通过火车运输道砟到施工现场，再卸至轨道两侧、中心，人工配合挖掘机匀砟，线路工指挥小型液压起拨道机起拨轨道，使轨枕下垫入道砟、轨道线路方向与设计一致。小型液压捣固机捣固道床，使道床密实。经过两次人工起拨道后进行大机养道作业，最后形成铁路道床。

高技术与劳动密集是上砟整道作业的两大特点，风动卸砟车卸砟、挖掘机匀砟属于高技术作业，人工拨道捣固等属于劳动密集型作业。尤其是在不发达国家进行施工，由于大量聘用当地雇员，在高技术方面因熟练技工数量少、技能水平低，可能造成施工装备操作方法不当而出现各种安全、质量、工效等问题；而人工拨道捣固等可能存在工效较低等问题。为此，以蒙内铁路 DK226＋000～DK240＋000 试铺架段为试点的(正线 14 km、站线 4 km、道岔 9 组)的试验研究，发现并分析上砟整道作业效率影响因素，通过不断调整人员岗位、工序安排、作业环境、机械配置、材料配置，加强对国内施工人员、肯尼亚当地雇员的管理。反复试验、深入调查研究、分析效果后得出影响提高上砟整道作业的关键因素为"人的作为"、非关键因素为"机械、材料保障"，通过重点管理关键因素，正常管理非关键因素，提高上砟整道作业效率，为后一阶段蒙内铁路工程正式铺架作业打下坚实基础，也为蒙内铁路作为我国铁路技术标准走向全球的示范工程提供数据支撑。

2. 道砟卸车

道砟卸车工序是上砟整道的重要组成部分，直接关乎后续整道的速度和质量，提高道砟卸车的效率是至关重要的环节。有的作业中，在最初几列车卸砟后，经调查发现卸至轨道两侧、中心的道砟不均匀，给后续工序的起拨道作业造成很大不便，部分地段起道后无道砟及时垫入，捣固不密实，火车通过后下沉，造成返工。经过细致观察、深入分析后发现造成此现象的因素主要有：(1)风动卸砟车行驶速度不匀速；(2)卸砟人员操作卸砟阀门不熟练，看砟不及时不准确；(3)卸砟段线路坡度较大，给司机控制风动卸砟车行驶速度带来难度；(4)道砟被雨淋后卸车流速不均匀。

通过仔细研究分析后发现导致卸砟不均匀的关键因素在于司机和卸砟工的技术水平。非关键因素在于线路坡度、道砟干湿度。对司机、卸砟工进行强化技能培训并多次跟踪、督促，经观察发现后续卸砟能够保持轨道两侧、中心的道砟均匀。

3. 挖掘机匀砟

轨道卸砟后由挖掘机首先进行匀砟，将两侧多余道砟转运至中心。有的项目经过 1 周作业后发现进度缓慢，质量低下。

仔细观察分析后发现未能完成进度指标的原因有：(1)挖掘机司机不明白作业标准；(2)挖掘机司机主观能动性不足；(3)对工程列车通过时间采用估算的错误方法，很不准确，经常下道后长时间等待工程列车通过。

经过逐条研究整改，反复试验、观察、记录，促使按时完成每天进度指标。具体方法为：(1)对挖掘机司机进行培训，使其熟悉作业标准；(2)制定每天作业进度指标；(3)指定专人配合挖掘机作业，随时与防护员联系，做好安全防护，确保匀砟作业安全和风动卸砟车的安全。经过 1 周作业后发现基本能够完成每天的进度指标，再经过 1 周作业后发现完全能够达到进度指标要求。

以上调整是对"人的作为"的调整，得出影响挖掘机匀砟作业效率的关键因素为"人的因素”，非关键因素为机械配置、材料保障。

4. 轨道起拨道、捣固

人工小型机械起拨道工序是上砟整道作业的重中之重，直接影响工程进度、质量，如何提高轨道起拨道作业效率是上砟整道作业管理的重要组成部分。

开工1周后发现作业效率低下，几乎每天都未能完成计划进度指标。仔细研究分析后发现未能完成施工任务的主要原因有：

(1)线路工组织管理不合理，每台机械未指定专职操作人员，与肯尼亚当地雇员交流不通畅，造成指挥不力；(2)作业方法不合理，每组都按照先起道后拨道的方法进行，这样操作会导致起道超前，捣固不能及时跟进，工程列车通过后轨道下沉，造成返工。回头再次拨道时捣固机无工作面，造成机械闲置；(3)机械性能不好，经常非正常性损坏、缺水、缺油；(4)工程列车通过施工地点的时间不准确，无行车防护，造成施工人员长时间等待工程列车通过，耽误工作时间。

经过认真研后制定整改方法，反复试验、观察、记录，促使按时完成每天进度指标。具体为：

(1)调整线路工管理方法，队里统一指定每台机械操作手，记录档案。实行大组管理即一、二遍道各1个大组，每个大组配备1名专职技术员，负责与肯尼亚当地雇员的交流，日常技术资料编制；(2)调整作业方法，每个组起道时同时拨道，使捣固机能够及时跟进作业；(3)每个大组配备1套备用机械，弥补机械损坏后及时使用备用机械，缩短耽误时间，同时配备1名专职修理工，及时修理坏损机械，队里配备1辆专职送油、送水车，每组配备储备加油、加水桶，保证机械每天正常运转；(4)防护员及时与运输队、调度室沟通，确认火车准确通过作业现场的时间，如无法确认时现场防护员看到工程列车后让其停车之后通知作业机械、人员下道避让，尽量缩短等待工程列车通过的时间。

经过以上整改，作业1周后，发现基本能够完成每天的进度指标，再经过1周作业后发现完全能够完成每天进度指标。

分析后得出以上调整方法主要是“人的作为”的调整，得出影响起拨道、捣固作业效率的关键因素为“人的因素”，非关键因素为机械配置、材料保障。

通过重点管理、控制关键因素，正常管理非关键因素，得出运用此方法管理能够有效提高上砟整道作业中起拨道、捣固作业工作效率。

5. 机械保障

拥有一套性能良好的专业机械是上砟整道作业顺利实施的关键，也是提高上砟整道作业效率的重要保障。如何保证机械性能良好？机械养护使用和管理方法是至关重要的。

上砟整道作业的主要机械有挖掘机、小型液压起拨道机、捣固机、齿条式起道机等。作业2周后发现小型液压起拨道机、捣固机损坏较多。仔细观察后发现损坏部位大多为液压油管。这批机械全部为新机械，液压油管未到更换期，损坏的主要原因为操作手操作不当，操作杆搬动速度过猛或者归位后未及时松开,属于人的因素。

通过对操作手进行培训,制定机械损坏问责制度。具体为只要机械液压油管非更换期内损坏,立即对肯尼亚当地雇员操作手开警告信,情节严重者直接辞退,对国内施工人员提出批评。建立机械维修保养档案,更换零部件必须记录清楚,月底统一考核,对其更换零部件较多的起道组提出批评或者更换操作手。

蒙内铁路机械零部件基本都从国内运来,需要经过计划、国内购买、发货、运输海外、清关等环节,运输速度非常缓慢,价格昂贵,因此减少零部件更换就是节约成本。

以上整改落实执行后机械坏损率明显下降。由此得出人的因素为关键因素,机械数量配置为非关键因素。

通过重点管理、控制关键因素,正常管理非关键因素,得出运用此方法管理能够有效提高上砟整道作业中机械保障工作效率。

6. 工作时效

工作时效是一切工作的核心部分,保证了工作时效就是保证了作业效率,提高工作时效就是提高工作效率。

开工作业 1 月后发现每天因各种因素耽误工作时间较多,工作时效较低下。原因有:(1)每天工作期间至少通过 4 列工程列车,通过一列车需要停止工作约 50 min,每天耽误工作时间 3 h 20 min;(2)每天上下班交还工具需要 60 min;(3)肯尼亚当地雇员长期以来养成的慢节奏习惯一时无法更改,干活动作慢,不适应国内施工人员快节奏工作习惯。

经过仔细研究分析,找出关键因素、非关键因素。关键因素为“人的作为”:(1)列车通过时间可以预先知道,工人上下道必须迅速;(2)交还工具可以避免;(3)肯方员工慢节奏工作可以逐渐更正。

针对关键因素、非关键因素分别控制管理,制定整改方案,遵照执行,反复试验、观察、记录。具体措施为:(1)通过工程列车的时间由防护员提前和调度、运输队联系,尽量准确得知工程列车的通过时间,如实在无法预知准确通过时间,现场进行专人负责瞭望,来车时及时下道避车。(2)增加保安人数,各组下班时不再向库房归还工具,就地向保安交接,由保安看管。(3)时刻向肯尼亚当地雇员传输快节奏工作习惯的好处,促使其逐渐加快工作节奏。

整改措施落实后发现作时效显著提高。每次通过工程列车耽误工作时间大量缩短,控制在 30 min 内。每天因各种因素耽误工作时间缩短至 2 h 内。

通过重点管理、控制关键因素,正常管理非关键因素,得出运用此方法管理能够有效提高上砟整道作业中的工作时效。

第三节　属地化架梁技术

国内外铁路建设的经验表明,采用“工厂集中预制,架桥机架设”施工工艺进行桥梁施工，对加快铁路建设有着重要的意义。采用预制方法施工可以把梁体制造的工作面压缩到制梁厂，制梁厂设备集中，便于集中投入质量控制。

以我国的铁路工程技术实力和大量的施工经验，无论是海外架设铁路箱梁，还是在海外架设 T 梁，都已经是非常成熟的技术，难度不大，在海外架设铁路梁体，主要技术难点在于：(1)铺架项目所在国的梁体预制所需之原材料特性与国内往往有差异(本部分已经在梁体预制部分介绍)；(2)架桥机、运梁车等装备在铺架项目所在国的适应性问题；(3)架梁作业人员的属地化问题(主要涉及到语言沟通、技术交底、安全交底等跨文化风险)。

限于篇幅，本章以肯尼亚蒙内铁路六标段的铁路铺架项目为例，仅介绍海外架设铁路 T 梁的关键技术和管理方法。

一、架梁准备

1. 架桥机的选择

在一般条件下，可根据梁体自重和外轮廓尺寸就近选择架桥机。当客观条件有某种限制或有特别要求时，可结合各型架桥机的性能，选择能满足需要的架桥机，也可选择经检算稍加改造或采取措施后能满足需要的架桥机。具体选择时应坚持下列原则：

(1)架整孔梁或在柔性墩上架梁宜选用宽式双梁架桥机；

(2)当架桥机需要在不允许吊梁通过的混凝土梁上通过，或不许拨道及只允许少量拨道的桥上架梁，宜选用双梁式架桥机；

(3)在多风、多雨地区或在高墩顶上移梁有危险时，宜选用双梁式架桥机；

(4)在僻远的支线、工业企业线架梁，当缺少适当的岔线和吊重设备时，宜选用双梁式架桥机；

(5)根据待架梁型和重量，选择合适的架桥机型号，如客货共线铁路所用的 2101、2201 梁应选择 TJ165 或 140 改进型架桥机；

(6)新型铺轨机，如 DPK32、PG28、PG30、DP28 等，具有架设 16 m 以下梁的能力，在附近没有架桥机，或调运架桥机很不经济时，也可选择用铺轨机架设 16 m 以下的梁；

(7)在海外铁路铺架项目上选择架桥机，还须考虑铁路铺架项目所在国的法律法规规定，以及关于铁路项目的相关设计文件，以免造成不必要的损失。

2. 施工调查

负责架梁作业的施工企业，应根据有关技术文件，组织人力做好施工调查。一般要调查桥头路堤填筑质量，了解桥头地形、地貌情况。复核线下工程施工企业的墩台施工质量及测量结果。如左右线距设计中心线尺寸、支承垫石标高、锚栓孔尺寸、支座十字线的设置等，并做好架梁作业辅助工程。如岔线工程，修建临时承托结构，升高隧顶或降低隧底，加宽墩台顶帽，墩台上设置千斤顶座、预埋螺栓、预埋钢构件，拆迁高压线、通信线，排除障碍物，外接电源工程等。

架梁前，需要召开铺架协调会明确需线下单位配合的问题。

3. 桥头压道与拨道作业

通过压道，将架桥机“大轴重”通过或停留地段的路基、道床等碾压密实，以免受载后发生偏沉或局部下沉，影响架桥机安全和增加启动时的阻力。通过压道，检查轨道质量和轨下基础内有无隐患的手段，据此提出防止或改善的措施。

为使架桥机对位到适当位置从而在架梁时将梁体直接落到正位，或只移一片梁，或将移梁距离减少，需要将架桥机前后轮组所在线路拨成一定形状曲线的过程称为拨道。拨道包括计算拨道量和拨道作业。

二、架梁关键工艺过程

下面以肯尼亚蒙内铁路六标段采用我国铁路技术标准，使用TJ165型架桥机架设T梁为例，介绍快速架设简支T梁施工技术的研究情况，希望该施工技术的介绍对同行有所裨益。

在原TJ165型轮轨式架桥机架设铁路简支T梁施工中，由于涉及到两片T梁横隔连接钢板焊接作业、架梁与轨排铺设工作内容转换、吊梁天车挂钩连接等环节大大影响架梁进度，也存在诸多安全隐患。中交隧道工程有限责任公司通过研发焊机承载装置、短轨排承载架、吊梁天车挂钩半自动连接装置等，在确保安全架梁铺轨的同时，大大加快了架梁铺轨进度。

架设梁时，架桥机主机在铺设的轨道上行驶到桥头，打好液压支腿，在主机两侧设置的承载架上装载工具轨排，主机过孔立0号、1号柱，然后依次喂、捆、出、落、移、支两片T梁，立即用5台电焊机横向焊接联结钢板(同时二号车运桥面25 m轨排)，再铺设25 m轨排(如果有)，将工具轨排从主机两侧承载架上推入架桥机主机腹内，再次实现架桥机主机对位过孔。

架梁施工程序：龙门吊倒装梁→拨道对位→顶梁→捆梁→吊梁→移梁→落梁和支座安装→连接板焊接→铺桥面轨→收尾。

(一)一号车作业

1. 一号车应准确地停在架梁位置上，第一位轮中心到胸墙或已架梁前端间的距离应严格按照2.47 m对位。对位后，制动风压应随时保持600 kPa以上，并采用铁鞋、木楔和止轮防爬器在车轮下止动，确保架桥机不发生溜动，经检查确认无误可停机。

2. 出大臂前，一号车放下前后液压支腿，并在钢轨两端外侧横梁下各支垫两根硬质枕木头，同时用木板或楔木抄平。大臂伸缩前，应将吊轨小车退回一号柱前紧靠吊梁小车。如遇雨天或钢丝绳过松，绞盘打滑，应在卷筒面上适当垫放材质以增加摩擦力，以避免绞盘损坏。

3. 将原吊梁天钩改为挂钩自动连接装置(图4—10、图4—11)，图中：1——主动天车，2——从动天车，3——钩框，4——挂钩部件，5——连接杆，6——连接架。使用时，操作主动天车靠近从动天车，在靠近过程中将绳索拉紧，使挂钩的前端高于尾端，如图4—10中所示。

待挂钩前端的位置正好处于钩框上方时，松开绳索，挂钩前端靠自身重力作用下落勾住钩框，完成勾接，如图4—11所示。此时，从动天车不会溜车，并且连接杆的连接孔正好与连接架的连接孔重合，可方便准确地将销轴插入到连接杆和连接架的连接孔中，从而完成主动天车和被动天车的连接。在需要松开连接时，首先将销轴取下，然后拉紧绳索使挂钩的前端高于尾端，启动主动天车远离从动天车，完成分离。

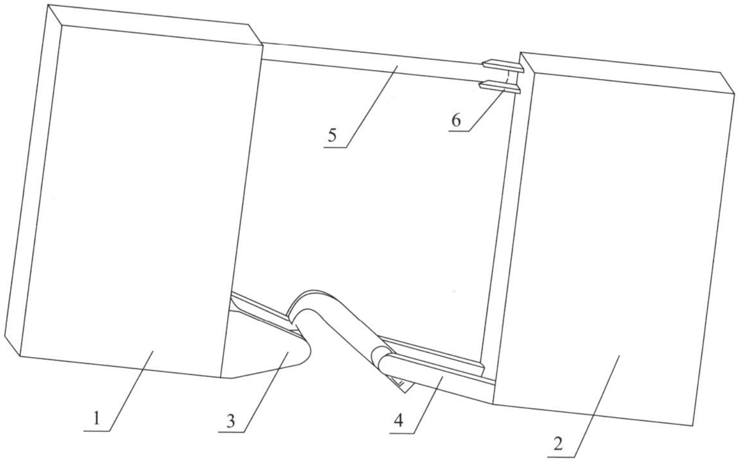

图4—10 挂钩松开示意

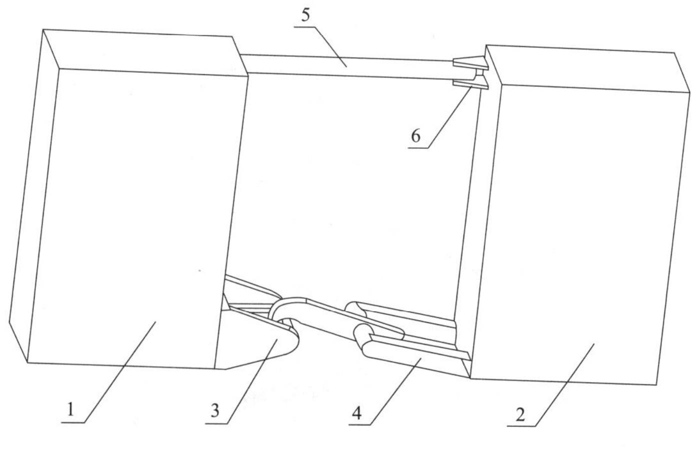

图4—11 非电磁铁挂钩连接示意

图4—12所示为TJ165架桥机主机吊梁天车改造后的半自动连挂装置实物图。

4. 大臂伸出抵达桥墩后，及时立好零号柱。

5. 根据所架梁体高度将一号柱、二号柱上升到所需高度，一号柱、二号柱柱顶高度应相同，插好一号柱、二号柱柱销，再将一号柱油缸卸压，二号柱油缸上顶，使插销压牢受力。

6. 将吊梁小车与一号柱柱顶的定位销插好，拔出一号柱柱顶与机臂的中心销，开动机臂伸缩卷扬机，机臂即可前伸。机臂伸到位后，插好一号柱柱顶与机臂的中心销，并拔出一

图 4—12　TJ165 架桥机主机吊梁天车改造后的半自动连挂装置

号柱柱顶与吊梁小车的定位销。

7. 进行翘头作业时，应注意将二号柱插销全部拔出后方可进行，并尽可能缩短油缸进行翘头作业的时间。

8. 立稳零号柱后，二号柱油缸上顶使零号柱压牢，压力为 4Mpa，将摆头油缸钢丝绳完全放松。为防止吊梁台车吊梁体走行时，机臂固定销突然窜出，还应将压销手钢板用螺丝上好压在销子上，但不能压死，应留出 150 mm 间隙。

9. 大臂伸出简易立在桥墩台后，吊轨小车方可进行吊运作业。所用工具材料吊放墩台后，再翘大臂垫枕木或木板，支垫完后再压大臂，严禁大臂在悬空时吊装运行或把吊轨小车开到前端。

10. 架完梁需缩回大臂时，前液压支腿不能撤，应先将吊梁小车退回到后端限制位置，机臂抬头，收起零号柱活动节，并将大臂摆正后方可回缩。大臂缩回到位后，前液压支腿方能撤回。

11. 大臂上应设专人，其任务是：防止钢丝绳绕乱、跳槽；走梁前摘掉吊梁小车插销；伸缩大臂后安销子；二号吊梁小车卸载后打堰，梁走行前清除大臂上的障碍物等。

(二)龙门架倒装 T 梁作业

机车推送 T 梁、桥面轨节及龙门架车到达工地后，在距桥头约 200 m 远的合适地点组立龙门架，将平板车上的梁吊起，落放到二号车上，进行倒装梁作业(图 4—13)。

图 4—13　龙门架倒装 T 梁作业

(三)二号车装运梁与一号车对位

1. 二号车装梁时，梁体重心一般落在二号车纵向中心线上。在曲线上架梁时，可使梁中线与二号车纵向中心线略成斜交，梁前后两端各向二号车中心线左右偏离少量距离。梁体落在二号车上时，梁前端超出二号车的距离，其最低处距轨面净高必须满足向一号车拖梁的需要，不足时须用垫木调整。

2. 二号车载梁运行速度宜为 0～7 km/h，与一号车对位时速度≤0.5 km/h。距一号车 10 m 处一度停车确认二号车制动系统工作正常后，再启动二号车缓慢推进。二号车运送梁时应设专人护送(图 4—14)，预防梁侧支撑松动。与一号车对位时，注意观察一号车后边有无部件或障碍物，严防与梁悬出部分碰撞。

3. 二号车对位时应有专人把闸，在一、二号车之间酌留间隙，不予挂实，严防冲撞。在一号车落梁过程中禁止联挂。图 4—15 所示为二号车与一号车对位。

图 4—14　二号车运梁

图 4—15　二号车与一号车对位

4. 二号车后退时，由司机负责瞭望，前进时由车长持信号旗领车。

(四)梁体拖拉与起吊

1. 架桥机梁体拖拉作业和捆梁、吊梁等作业交叉进行，主要包括以下过程：顶起梁体前端，并落到一号车的前一辆拖梁小车上，在跨装状态下拖梁前进；待进到一定位置后，再顶起梁后端，并落到一号车的后一辆拖梁小车上，继续前进(图 4—16)，梁体前端进到一号吊梁小车位置时，捆梁、吊梁在半支半吊状态下前进；待梁体后端进到二号吊梁小车位置时再捆梁，吊起后端，在悬吊状态下前进对位。

2. 二号车端油压千斤顶顶梁时，左右千斤顶应同时顶升，随时保持梁体处于水平状态，并及时调整可能出现的偏斜量；梁体顶起后，一号车拖拉小车未到位垫好前，严禁抽去铁盒或拉开二号车拖梁小车。

图 4—16　拖梁前进

3. 拖梁小车上应放硬质木板垫梁，垫梁板高度必须使梁体能够顺利地拖进一号车，梁体装上拖梁小车后，应及时加设支撑支护。

4. 拖梁小车运行前，必须清除影响小车和梁前进中的一切障碍物，并观察有无碰挂和小车运行不良情况。

5. 梁体后端捆绑完后，钢丝绳以起吊至不受力为准，然后用拖梁台车往前拖送至一号柱中部位置，方可进行起吊作业。

6. 桥体吊起后，梁身应保持水平状态向前移动，架 32 m 梁时，两端吊起后，可将前端逐渐落低，以免与停在大臂前端的吊轨小车相碰撞。

(五)纵横移落梁就位

1. 梁体宜高位纵移；纵梁时应设专人在桥墩台上监视梁体动力情况，特别是梁体即将到位时，应密切配合严防梁体撞击前支腿或零号柱；墩台设专人拉限位开关。图 4—17 所示为 T 梁纵移现场。

图 4—17　T 梁高位纵移

2. 梁体应先下落后横移，严禁高位横移。梁体横移时，横移小车在丝杆传动装置的驱动下，吊起梁体可横移左右各 1 150 mm；严禁用二号车顶梁扁担的横移装置横移梁体。

3. 落梁(图 4—18)就位时，支座底面中心线应与墩台顶面放出的十字线相重合。梁端伸缩缝和梁体间的间隙应符合规定尺寸，梁梗垂直，支座底面和墩台顶面应密贴，上下座钣间无缝隙，整孔梁无三条腿现象。就位后的支座十字线与墩台十字线间的错动量及两片梁支座中线间的错动量和两片梁支座中线的横向距离误差应在设计允许范围内。

图 4—18　落梁作业

4. 梁体就位后，梁体端部应平齐，梁平整，梁顶面高程符合设计要求，梁体无损伤，并保持横向预应力预留孔道对齐。

(六)横隔板焊接

1. 整孔梁就位后，应立即进行联结板焊接。架桥机通过该梁前应焊完两端及跨中处联结点。

2. 为加快焊接速度，宜采用电焊机承载架来增加电焊机的数量。

(七)收尾工作

1. 梁体架完后，支座锚栓孔应灌注砂浆。灌注锚栓孔砂浆时，应用钢钎捣实，灌后顶面应抹平。

2. 进行桥面湿接缝及横向联结施工，混凝土强度等级按设计规定配制。

3. 整修因架设造成的梁体缺陷，修补前应将破碎混凝土彻底清除，并用清水冲净。

第四节　新线工程运输

一、工程运输的特点

工程运输是保证铁路铺架施工正常进行的重要环节。一般来讲，工程运输具有以下几个特点：

(1)新建铁路工程运输是在行车设备不齐、线路状态不良、铺架施工周期短的特定条件下进行的；

(2)在铁路营业线上进行的工程运输是在原行车密度已经接近或达到饱和状态、运输任务十分紧张的情况下进行的；

(3)在工程列车中，超限列车较多，运输过程中受到各种限制；

(4)在海外铁路铺架工程中，还存在中外雇员之间语言沟通困难、外方雇员无行车经验、无铁路运输安全意识等特点。

工程运输的上述特点，对铁路铺架工程施工单位提出了高标准的要求，铺架施工项目部必须建立精干严密的行车组织机构，以经济合理地使用机车、车辆，并确保工程运输的安全。

二、运输管理组织机构的组建

为保证铺架工作的顺利进行，项目部应负责管理新建铁路的运输工作，在工地成立运输领导小组。主要职责是负责新线运输各专业的技术管理和安全工作，与既有线(若有)所属各相关业务部门及其他工程单位协调相关事宜，确保运输安全畅通。

1. 调度室

调度室是运输指挥中枢，负责运输组织协调、货物运输统计、货物编组运输计划等。所有工作要根据项目部的施工计划和铺架现场实际施工情况，结合运输生产能力、区间通过能力、基地站路料生产装卸能力，合理编制运输计划，指挥列车按列车运行图正点运行，确保运输和施工生产两不误。有关作业队〔梁场、轨枕场、轨排队、上砟整道队(含大机养护)、铺架队及桥面系作业队等〕作业的施工计划安排必须由各自工调人员到项目部调度室向工程调度提出书面的施工计划，如要行车及占用区间的施工，由工程调度统一向行车调度申报，计划批复后，到各车站登记及销点。

2. 运输队

运输队是具体实施运输工作的基层单位，负责车务、机务、机修、列检、乘务及各车站的技术管理和人员管理。为确保沟通顺畅，降低车站管理安全风险，运输队扳道员应全部配置中方人员。

运输队中方人员配置见表4—6。

表4—6　运输队中方人员配置(肯尼亚蒙内铁路6标实例)

序　号	部　门	岗　位	计划人数	合　计
1	后勤	队长	1	5
		站长	1	
		机务主任	1	
		材料员	1	
		机修技术指导	1	

续上表

序　号	部　门	岗　位	计划人数	合　计
2	机务	机车司机	21	48
		机车副司机	21	
		叫班员	2	
		轨道车司机	1	
		轨道车副司机	1	
		柴油机维修	1	
		制动机维修	1	
3	站务	内勤值班员	2	90
		外勤值班员	2	
		调车长	2	
		调车员	10	
		货运员	2	
		列检	4	
		运转车长	14	
		车站值班员	18	
		扳道员	36	
		合计	143	

3. 列检所

为确保列车运行安全，在基地站设列检所。

三、行车组织与接发列车

行车组织包括行车调度指挥、施工条件下的安全指挥、列车运行图的编制、行车闭塞等。接发列车过程中必须坚持集中领导、统一指挥、逐级负责的原则，同时注意作业中的人身安全。限于篇幅，在此不再详述。

第五章　铺架项目公共安全管理

在海外建造铁路，可能要面临恐怖主义威胁和复杂的社会治安形势、跨文化冲突、罢工等各种公共安全问题。本章通过世界公共安全形势的分析和公共安全管理的现状分析，指出公共安全管理的重要性；在此基础上分析了文化冲突给铺架工程项目带来的文化风险，阐述了公共安全管理的领导组织、规章制度、应急反应体系的建立方法；最后结合案例论述了公共安全风险管控方法与措施。

第一节　世界各国公共安全形势及公共安全管理现状

一、世界各国公共安全形势

在“一带一路”沿线国家是最近几年或者十几年的铁路基础设施重点建设区域，其沿线一些陆上国家（如中东）是战乱和敏感国家，呈现多文明交会、多力量交织、安全形势复杂等特点。恐怖主义和教派冲突，导致许多地区安全形势下滑，暴力流血事件频发。

二、海外企业公共安全工作管理现状

总结过去的案例可以发现，在海外地区进行铁路施工，其公共安全工作普遍存在以下几点问题：

1. 员工安全意识淡薄

近几年的恶性安全事件基本都发生于长期驻外的企业，短期赴外旅游的华人却很少出现类似事故，说明以下几点：

（1）多数在海外工作的员工由于对工作环境和生活地域的逐步熟悉，刚出国时紧绷的“安全弦”会慢慢放松；

（2）出行不注意留心观察周边事物或情况，且在出行线路的选择上较为规律，前往目的地也较为单一，如总是前往固定的超市、商场、银行或饭店；

（3）外出时携带大量现金或佩戴贵重首饰品较为普遍，极易成为犯罪分子作案的目标。

2. 对风险情报信息收集和研判不够

部分驻外施工单位对周边安全形势关注度不够，很少设置专职人员进行情报信息的收集、研判和发布，多数企业没有渠道获取情报或很少进行信息的评估和分析工作，无法根据本单位所在区域进行重点安全防范，故“防范工作没有针对性”是发生事故的一个重要原因。

3. 公共安全培训欠缺

很多案件本来只是抢劫案件，但由于受害者处置方法不当导致了悲剧的发生，例如对方抢劫时只是针对钱财，只要交出就可以保住性命，但往往受害者却只在乎钱财。

4. 安保投入不够，安保人员管理不到位

公共安全工作成本的投入与企业面临的风险系数有着直接的关系。部分海外施工单位为节约成本，并未配备专业的安保力量和安防设施，防范能力十分薄弱，很容易成为袭击目标。部分单位虽配有警察，但在人员配备合理性和日常管理方面，缺乏系统性和规范性，导致警察发挥作用十分有限；在保安的配备上大多选用价格低廉的保安公司，对保安服务质量要求不够严格，缺乏监督和检查，导致保安懒散、不尽责，甚至协同作案。

5. 当地雇员管理不够严格

部分单位在聘用当地员工时，未对员工的背景进行严格地调查和审核，日常管理上也不注意方法，简单粗暴，甚至不按时发放工资，易引发当地雇员的反抗情绪。部分企业对当地员工戒备心较差，贵重物品的存放不注意隐蔽，工资发放形式和时间较为固定，给了当地雇员可乘之机。血的教训告诉我们，对当地雇员过度的信任是不可取的，很多企业因过度信任当地雇员造成人身伤害及财产损失的情况时有发生。

6. 事件责任追究基本无果

考虑海外地区，尤其是非洲、南美洲、中东等地区，情况复杂，大多数华人利益甚至生命受到损害后都得不到的有力回应，这使得施工单位自行承担诸多成本和风险。

第二节　文化冲突背景下公共安全管理体系的建立

一、文化冲突的含义、表现及特点

1. 文化冲突的含义

文化冲突是指不同形态的文化或者文化要素之间相互对立、相互排斥的过程。它既包括跨国企业在他国经营时与铁路属地国、民族、部落的文化观念不同而产生的冲突，又包括了在一个企业内部由于员工分属不同文化背景的国家而产生的冲突。

2. 文化冲突的表现

文化冲突的表现是多种多样的，有来自风俗习惯的，有来自价值观念的，有来自行为举止的，有来自自然环境的，等等。无论是哪一种文化冲突表现，都可以归纳到工程项目内部层面或工程项目外部层面。

(1)工程项目内部层面的文化冲突

为了实现属地化的经营目标，同时为了满足铁路属地国法律法规的要求，铁路铺架工程项目除了聘用母国的人员外，还要雇用一定数量的铁路属地国人员，尤其是 T 梁钢筋绑扎、T 梁混凝土浇筑、轨枕钢丝编组、上砟整道等各劳动密集型工序岗位需要大量雇用当地人员。铺架项目延展里程长，必然需要雇用不同族群的人员，由于所雇用人员各自所属的文化环境不同，极易在项目内部造成文化冲突。这种文化冲突又分为两种类型：项目成员之间的文化冲突和来自项目成员的文化与项目部原先文化之间的冲突。项目内部层面的文化冲突往往导致项目组织沟通的不畅、管理效率的下降，从而加大项目经营的成本。

(2)项目外部层面的文化冲突

在项目外部层面，在铁路工程项目进入铁路属地国之后，会受到来自铁路属地国外在文化环境的影响，包括消费者、供应商、政府所颁布的有关法律法规、相关团体及政府机构等。铁路属地国的文化环境与项目文化的冲突，往往使项目及其经营活动受到铁路属地国的国民抵制，其严重后果可能是阻止施工、破坏已经建成的铁路、偷盗铁路器材，甚至通过新闻媒体等恶意中伤铁路建设质量。

二、文化冲突的成因分析

1. 沟通方式和语言差异

在文化冲突的原因中，语言差异、沟通不善产生误会是其最主要的原因。不同的国家、不同的民族、不同的部落，人们对时空、习俗、价值观等的认识也有所不同，口头语言或肢体语言沟通往往存在障碍，导致施工人员或管理人员之间难以充分沟通，从而极易产生误会。

比如，在非洲，人们通过敲打桌子来叫服务员，但是，众所周知，这在我们中国却被认为是很不礼貌的行为。再例如，问候是人际交往中重要的一部分。当问候别人的时候，美国人会伸出手，直视对方，并且面带微笑。然而，有时候这样的行为会在其他国家造成误解。那些国家的人们不会用握手来彼此问候，而直视对方的眼睛也有着不同的含义。

亚洲人认为身体接触是一件很尴尬的事情，因此一般并不握手。他们有自己打招呼的方式。对日本人来说，轻轻颔首就足够了。在韩国，女性并不与人握手或者拥抱，而男性则可能握手并且轻轻点一下头。在西亚，穆斯林并不与女性发生身体接触，但是男性之间通常可以互相拥抱。眼神接触也是一样。在许多国家，用避免眼神接触来表示对对方的尊敬，这也可能造成误解，事实上，一些亚洲学生因为不与他们的美国老师进行眼神接触而被认为对老师有失尊重。

非洲当地人很忌讳谈论肤色(非洲地区普遍如此)，说话时也不可冒犯国旗和总统。“7”和以“7”结尾的任何数字都是不吉利的。

手是人们在交往中表达感情的重要工具，非洲人更有用不同的手势来表达喜怒哀乐和好恶等情感的习惯。如果是一般熟人相见，仅举手示意；若是特别亲近者相逢，则需用右掌拍打对方的左手掌，以示亲密无间。举起和挥动右手并竖起大拇指，双目注视，表示对某人的尊敬；若五指握拳，又不停地挥动着，则表示对某人诅咒和谩骂。在谈话中，用拇指和食指掂出“哒哒”的声音，表示对话题感兴趣，完全同意对方的意见；用手指迅速地刮自己的耳朵，则表示话不投机或完全不同意对方的见解。右手抹左手的手背，或用左手抹右手的手背，表示此事与己无关。两手的手掌朝上，表示疑问；右手掌拍左手掌，或左手掌拍右手掌则表示惊异和奇怪。用手指指某人，然后张开手掌，举起手左右转动，这是在骂某人是傻瓜。伸出手并张开五指，或是用手指刮别人的鼻子，这是对人的一种侮辱行为。此时，双方势必有一场激烈的争吵甚至发展到斗殴。用食指指着某人，表示对某人的蔑视或看不起。这些穿插在口头交谈中的“手语”使非洲人民的情感交流更为含蓄和丰富。

由此可见，沟通方式和语言差异的广泛存在，使得铁路铺轨架梁这种延展长达数百公里的工程项目的跨文化管理难度大大增加，在项目管理过程中，若对这种差异性缺乏敏锐感，未能及时地协调相互关系，则极易造成严重的文化冲突，严重时甚至引发群体事件。

2. 宗教信仰与风俗习惯各异

宗教和信仰凝聚着一个民族的历史和文化，影响持久且深远，是文化的深层次内容。不同的宗教有不同的倾向和禁忌，影响着人们的认识方式、行为准则和价值观念，影响着人们的消费行为和风俗习惯。由于传统文化的影响，不同的国家、地区、民族、部落形成了各自独特的风俗习惯。铁路铺架工程项目管理者如果不了解铺架沿线所经地区民族、部落以及项目内雇用的当地人的风俗习惯，就有可能造成跨文化管理上的失败，甚至造成严重的国际影响。

3. 国家法制不同

世界各国历史背景、经济水平、文化传统、社会发展状况不同，在社会制度、法律法规的制定方面也各有特色。对同一社会关系或事实的法律、法规规定内容的不同，也会导致文化冲突的产生。同时，西方企业一般是在法律环境比较严格和完善的条件下开展经营与管理，习惯以法律条文作为自己言行举止的依据；而我国的工程项目管理人员往往以经常变动的条文、指令、文件作为企业成员的办事章程和决策依据。由于双方行为的标准和依据不同，冲突在所难免。

4. 种族优越感的外部表现

种族优越感是指认为一种族优越于其他种族，认为自己的价值体系较其他优越。种族优越感强烈的人，往往有很多的语言、动作行为等外部表现，很可能引起铁路属地国当地人民的反感和忌恨，也可能遭到抵制并引发冲突，造成跨文化管理失败。

三、文化冲突给铁路铺架工程项目带来的文化风险

文化风险指企业在国际化经营过程中，由于文化环境因素的复杂性、不确定性、使用的营销手段不能适应当地文化，使企业实际收益与预期收益目标相背离，甚至导致企业经营活动失败的可能性。

在一种特定文化环境中行之有效的管理方法，应用到另一种文化环境中，可能会产生截然相反的结果。“一带一路”辐射范围内国家、民族、部落众多，文化环境非常复杂，铁路铺轨项目管理人员必须具备识别和处理文化风险的能力，否则很可能导致铁路铺轨项目不能正常实施。

与此类似，铁路铺架工程项目也面临着文化风险的巨大挑战。当不同质的、不同层次的

文化共处于某一时空环境中时，必然发生内容和形式的冲突与碰撞，从而给项目的施工生产带来困难。

文化冲突给铁路铺架工程项目带来的文化风险，其后果可能有以下几种。

1. 弱化项目团队协作能力

语言和文化上的差异影响聘用(雇用)人员与不同国同事交流，不同国家、不同民族、不同部落之间就形成了不同的异文化群体，不同群体之间容易产生不信任感，这在一定程度上也会降低团队协作能力。

2. 降低项目管理的沟通效率

工程项目在跨国经营过程中遇到的最大障碍之一就是沟通问题。在跨文化交流的过程中，聘用(雇用)人员往往常常无意识地用自己母国文化用去理解对方的意图，这种理解可能导致错误的衡量和评价对方的行为。这就势必增加了跨文化交流的难度，导致跨文化交流误会，降低了沟通的速度和效率。

3. 加剧项目管理的矛盾冲突

在内部管理上，人们不同的价值观、不同的生活目标和行为规范增加了群体进程中的不明确性、繁杂性和内部混乱，增加了项目决策的复杂化和管理费用。例如，不同文化背景的聘用(雇用)人员有着不同的工作动机、需求心理和期望，因而他们对相同刺激方法的反应却不大相同，从而也使得激励成为一个非常难以预测的过程。以非洲某国项目为例，项目上给当地雇员按月按时发放工资，待到发放工资后的周一需要施工生产时，才发现雇员走了很多，导致施工无法正常进行。经调查得知，由于当地人民有及时行乐的习惯，一个月的工资使得他们玩得太远，无法及时赶回来参加生产施工。后来，项目上及时巧妙地改为发周薪，如此一来，领到一周工资的当地雇员玩不了太远，周末两天的玩耍已经把工资花完，正好周一参加生产施工，从而解决了问题。

另外，文化冲突可能会影响项目管理者与聘用(雇用)人员或不同文化背景聘用(雇用)人员之间的和谐关系，产生“种族优越感”和“非理性反应”，造成沟通中断，从而也导致误会越来越多，矛盾越积越深。

4. 伤害铁路属地国聘用(雇用)人员的民族感情

对于工程项目组的决策方案和管理制度，不同文化的员工往往有着各自不同的理解，因而在工作中有着不同的行为表现。这些差异加剧了文化风险，可能会伤害当地群众或政府的感情、危害他们的利益，甚至违反相关法规，导致反感引发暴力行为。

跨国进行铁路建设，使铁路工程项目面临铁路属地国文化与母国文化差异，这种文化差异直接构成经营中的文化风险。如果不能适应铁路属地国的经济环境和文化环境，不对文化风险进行正确的管理控制，如果决策方案和管理制度制定过程中未全面充分考虑属地化问题，将项目经营中的文化冲突、文化风险降到最低程度，势必严重影响“一带一路”倡议和中国铁路“走出去”的顺利实施。

四、公共安全管理组织体系的建立

人员组织保证体系是整个体系的核心，在海外铁路铺架项目中，必须始终秉承“生命重于一切、多方共保安全”的安全理念，成立公共安全管理机构，配备专职公共安全管理人员。

公共安全管理机构宜采用“四层”模式，即公共安全领导小组——公共安全管理人员——国内专业安保公司安保人员——属地国警察和当地保安。

领导小组是公共安全管理的决策层，管理人员是公共安全管理的具体管理层，国内专业安保公司安保人员是公共安全管理的控制层，属地国警察和当地保安是公共安全管理的执行层。

在“四层”管理模式的架构下，项目公共安全领导小组、公共安全管理人员、专业安保人员、当地警察和保安各司其职，对项目风险点进行层层布防，完善各营地安防建设，排查安防设施隐患，搜集、整理和发布安全情报信息，组织开展各类公共安全培训和应急演练，妥善处置公共安全突发事件，确保全线人员和财产安全。

五、规章制度体系的建立

规章制度是体系运行的保障，是整个项目公共安全管理的循环链过程，包括以公共安全责任制为核心的整体性安全制度和各种单项的安全制度。应制定并完善相关制度、规定和应急预案，健全整个项目的公共安全规章制度体系，使得各项规章制度更加符合铺架项目实际。

六、应急反应体系的建立

应急反应体系包括预案、预防和预警 3 个板块，目的是建立各种应急反应机制，完善各类安防应急设施。应急体系是项目公共安全体系的重要方面，能否做好这项工作直接关系到发生重大危险或突发事件时，能否迅速、有序、有效地开展应急救援行动，从而减少人员伤亡、财产损失及环境损害。

1. 预案系统

预案系统分为应急预案体系和应急预案演练两部分。首先应明确应急预案体系，制定适合自身实际情况的《专项应急预案》（如防野兽袭击等）和《现场处置方案》。

其中，总体预案将突发公共事件分为自然灾害、事故灾难、公共卫生事件、社会安全事件 4 类，明确各类突发公共事件分级分类和预案框架体系，规定应对突发事件的组织体系、工作机制、响应程序和应急流程等内容，明确各协作部门的职责（人、财、物、工、办、安），作为指导预防和处置各类突发公共事件的规范性文件。

应急预案演练是根据应急演练计划，指导各单位进行各类演练，以此查找应急预案中存在的问题，进而完善应急预案，并检验预防系统的可靠性，提高人员的自救和防护能力。

2. 预防系统

预防系统主要是针对人员和设施，包括员工安全手册、应急联系卡、发放应急包、安保力量配备和安防应急设施建设等。

员工安全手册是针对项目施工人员编制的，内容包括应急方法、疾病预防、急救措施、野外生存、案例分析及经验教训等，是指导境外中方员工学习和掌握公共安全知识，提高风险防范和应急自救能力的参考资料。

应急联系卡和应急包是在发生突发事件后，员工能在第一时间报警或自救的重要保障，同时确保应急救援及时得到处置。

安保力量配备包括与安保相关的各级人员配备，如派驻国内专业安保人员、协调属地国警方为项目配备各类警察、雇佣当地保安等。

安防应急设施分为安防设施和应急设施两部分。安防设施包括电网、壕沟、地刺、围墙、避难设施等，应急设施包括通信指挥、定位、监控等技术系统和交通、生命救助、危险物品处置等装备器材及行动人员的防护装备和警报装置等。

3. 预警系统

预警系统的核心是建立通畅的信息和情报收集渠道、情报发布机制、风险分析研判和评估。通过对社情、敌情、民意及各种社会动态、不同利益集团间关系的掌控和分析，对社会、经济运行的各种参数及稳定程度的监测、分析和评价，发现和预测可能出现的风险的表现形式，及时地发现危害安全生产的因素，预见事故发生的可能。具体形式如及时发布情报信息，定期发布属地国及周边国家公共安全快讯，建立信息化报警平台，安装报警设施，培养为中方提供情报的线人，风险分析、研判和评估等。

第三节　公共安全风险管控

通过采取各种风险控制措施，可以有效避免各种风险，使员工工作在一个安全的环境中。公共安全风险管控措施就是通过各项举措来预防和应对自然灾害、事故灾难、突发公共卫生事件和社会安全事件(如恐怖袭击、抢劫、绑架、社会动乱)等的发生，以保障员工根本利益为出发点而开展的各项活动。

一、确定关键防范对象

铁路铺架工程项目的公共安全管理应侧重于各营地和工点，并根据各营地、工点的实际情况和特点，认真研究、规划、组织和实施各项安保工作，重点做好人、车、枪、炸(火工品)、密、水、火、电、毒、气、财、油 12 个关键点，主要防范对象分为关键的人、关键的事物和关键的部位 3 个方面。

1. 关键的人

关键的人指需要重点保护的人员，主要是中方员工，共分为 3 类：

(1)因工作性质所决定安全风险系数较高的人,如项目领导、公共安全管理人员、经常去银行的财务人员、后勤采购人员等;

(2)因个人原因可能造成和引发各类公共安全事件的人,如不服从管理规定,特别是可能违反项目规章制度的人;

(3)可能直接或间接泄露铁路工程项目及安保工作内部事项和秘密的人,身体、心理、思想、精神有问题的人。

针对上述人员,铁路工程项目全线各单位要建立专门档案,并实行特殊管理。通过密切关注员工的思想动态,定期对所有员工开展思想分析,及时发现和排除队伍中的不安全因素。

2. 关键的事物

关键的事物指需要予以重点关注和保护的事和物。

关键的事指重要物资运输、财务取款、要人出行、保密工作等易发生风险的事。

关键的物指车辆、警察的武器、中方员工日常饮用水、炸药、油料、火源、电力、煤气、现金等容易构成威胁的和容易被人破坏及利用的物。

铁路工程项目全线各单位对此类事项要高度重视,制定有效的安全防范措施,提前计划,周密部署,并制定切实可行的应急预案和备用方案,确保工作执行过程的安全。

3. 关键的部位

关键的部位指需要重点关注和保护的场所和部位,主要包括以下3类:

(1)对人员和财产安全影响重大、必须予以重点防范的要害敏感场所,如发电和配电站、储油罐、储气罐、给水泵站、炸药库、重要物资仓库、财务室等;

(2)相对比较薄弱、易遭受攻击或侵害、需要重点加强防范的部位,例如周界、出入口等;

(3)各单位从营地至施工现场、从营地外出至市区的往返的路线,应注意道路伏击及拦路抢劫等公共安全事件。

对于各类重点设施和部位的现有情况,项目全线各单位要进行认真细致地梳理排查,及时发现隐患,制定有针对性的安全保卫措施,提高防护等级和防范能力。

二、公共安全风险管控措施

1. 专业安保团队的引入与管理

(1)专业安保团队的引入

旨在充分发挥"专业的人做专业的事情"作用,可以与国内专业安保公司合作。为保证安全,可以配备较多的专业安保人员,并将他们配置在项目经理部的主营地、碎石场和炸药库等风险性较高的营地,主要任务有营地安全风险评估、周边情报信息收集与研判、当地安保力量管理、安防设施建设与维护、公共安全制度的执行与实施、公共安全培训及演练、公共安全突发事件处理、各类安保护卫等。

(2)专业安保队伍的管理

专业安保队伍的管理必须从制度上规范专业安保队伍的行为和工作流程，以确保专业安保人员更好地发挥积极作用。制定一系列安保管理规定，以确保更好地服务于项目各项安保工作。全线各安保团队应始终坚持“最早进、最晚撤、贯穿全程”的原则，切实保障好项目的准备阶段、建设阶段、收尾阶段、公共安全建设运营转换阶段安全顺利进行。

2. 建立情报共享机制

坚持“情报先行”、“情报信息指导安保工作”的原则，建立公共安全情报搜集和发布机制，可以有效拓宽情报、信息获取渠道，确保各类情报信息及时、准确、全面、实效。根据情报信息开展安全风险评估，根据危险程度适时发布安全预警信息，为同级领导开展安保决策提供充分依据。

项目公共安全部的专职情报官可以利用网络、媒体、线人等渠道，搜集发生在当地及周边国家的公共安全信息，每周至少发布一期属地国及周边国家公共安全快讯。另外，各项目应与驻属地国使馆、当地警察总部、情报局、经贸协会、华人华侨联合会等机构建立信息沟通和情报共享机制，保证项目能够及时获取相关情报信息，做到有效预防。

3. 充分依靠属地国政府力量

可以与中国驻属地国大使馆进行协商，加强属地国政府对铁路工程项目公共安全工作的重视。

(1)成立公共安全委员会

由铁路警察总部成立各铁路工程项目公共安全委员会，负责各个警种的调配和管理，主要代表来自行政警察、铁路警察、野生动物保护警察、森林警察、刑事犯罪调查科、铁路局安全部、项目公共安全部等单位，并于每周召开工作例会。

(2)成立公共安全专家组

属地国政府相关部门成立铁路工程项目安全专家组，以协调政府各个安全部门之间的配合，并定期对项目的安保部署进行专业指导。

(3)成立警察指挥中心

鉴于各项目武装警察的人数会不断递增，为加强全体警察的日常管理和应急反应能力，可以由总承包商成立全线警察指挥中心，由铁路警察副总司令或者同级人员担任指挥中心负责人，安排多名其他警种的高级长官协助其日常工作。

(4)定期巡视全线营地

要求当地警察总部每月联合相关部门对项目全线所有营地进行一次全面、细致地巡视，对安防设施建设、安保力量配置、应急措施完善、警察管理纪律、武器装备性能等方面进行检查和指导。

(5)加强警用装置的配备

可以通过大使馆与属地国政府进行长期沟通，要求属地国政府为项目武装警察提供警用电台、警车、轻机枪等装备，提高日常巡逻的频率和应急事件处置的能力。除此之外，还应要求当地警方加大项目派驻警察的枪支、弹药、头盔、防弹衣等装备的投入。

4. 安防设施建设

安防设施是确保营地安全的硬件条件,也是安保工作中常用的防范措施。安防设施主要包括周界、进入路线、出入口、通行控制、安检、照明、避难所、水电设施防护、停车场、访客管理、电子安防系统、消防、通讯、医疗急救等内容。

5. 公共安全培训教育和应急演练

(1)培训的组织和实施

在原有培训制度的基础上,应进一步完善和加强境外公共安全知识和技能方面的全员培训,更新知识,丰富内容,力求使全体中方员工学习和掌握更多、更适用的公共安全知识和应对突发公共安全事件的技能。

项目部应紧密结合项目所在地的实际特点和需要,分别制定各自的公共安全培训计划,对全体中方员工定期开展以强化安全意识、提高个人防范技能为主要内容的持续在岗培训。外派人员出国前的集中培训可委托国内专业安保培训机构进行,在项目工作现场的安全培训由国内安保服务提供商派驻的安保经理和安全官具体组织实施。

(2)确定培训内容

铁路铺架工程项目中方人员培训的主要内容包括安全防范意识、安全防范基本技能、个人防卫技巧、爆炸事件的预防与应对、武器识别与防卫、基地突发事件应对、劫持绑架事件应对、火灾应对技巧、荒野求生、夜间行动安全、可疑行为识别、出行安全、乘车安全、紧急救护与救助、动物伤处理、SOS 求救信号的发送方法、应急通信器材使用、应急手语、遇险逃生技能、合理利用地形地物规避风险、酒店入住及安全防范常识。

(3)确定培训对象

接受培训的对象包括铁路工程项目的所有中方人员(含分包商中方人员)、项目倒休人员、当地雇员、当地保安员、其他指定需进行培训的人员。

(4)培训方式和培训周期

培训方式应紧密结合项目现场的实际情况,采取理论讲解、实操练习、案例分析、现身说教、模拟体验、综合演练等方式灵活开展。

6. 建立并维护良好的社区关系

铁路铺架工程项目要与周围邻近社区建立并保持良好的工作关系,及时获取与当地公共安全相关的情报信息,用以开展早期预警。最大限度获取当地政府、军方、警方和社区居民的理解与支持,同时,加强与周边社区友邻关系的维护,多做沟通工作,及时消除潜在的误解,为项目创造安全的周边环境。

三、公共安全事件处置案例分析

下面介绍肯尼亚蒙内铁路施工过程中公共安全事件处理的 2 个案例,以期对类似工程有借鉴意义。

(一)罢工处置案例处置

1. 事件发生及应急处置过程

×年×月×日上午8点20分左右,当班警察报告在营地2号大门外侧200 m处发现大量肯方工人聚集。公共安全部部长王×涛立即组织安全官崔×庆、专职安全员王×威部署警力和保安做好准备,在2号大门处布置了9名肯方警察和3名保安员,并及时通知外联部进行调解,在调解未果的情况下,外联部人员撤离2号大门,随后安全部撤离2号大门,并通知中方人员进入营地。8点55分,400名肯方工人,直接绕过2号大门,正面冲撞1号正大门,由于肯方工人人数众多,情绪激动,与警察发生冲突并冲破起落杆。在此危急时刻,公共安全部安全官崔×庆迅速组织警察和保安从2号大门撤离至3号实体围墙大门外,迅速紧闭3号前大门,对肯方工人进行强行隔离和疏散。专职安全员王×威拉响应急警报,随后赶往4号后大门并紧闭大门,与此同时公共安全部部长王×涛组织全体中方人员在应急集合点进行全体中方人员点名,并向分指挥部公共安全部领导汇报现场情况。在听到应急警报后,值夜班的安全官杜×杰第一时间从床上跳起,冲出宿舍对实体围墙上方电子围栏工作状况进行检查,然后赶往4号后大门,同时向三、四、五标兄弟单位发出求援信号。由于3号大门处安保力量集结速度较快,肯方工人受到有效隔离阻挡,导致其迅速转向冲撞4号后大门,安全官崔×庆鉴于肯方警力配备有限的紧急局势,果断将3号正大门大部分警卫力量调往4号后大门。与此同时安全官杜×杰集结夜班警察赶往后门,对冲撞工人进行强力阻拦。此时正好是上午9点整,公共安全部部长已经完成对中方人员的集合点名,发现有1名技工和5名九标技术人员正在后场进行作业。千钧一发之际,公共安全部部长果断布置,安排杜×杰带领三名警察乘车出发,崔×庆带领16名警察驻守4号后大门及后场,王×威带领6名警察驻守3号前大门,物装部兼职安全员李×寿带领1名警察驻守监控室,通过对讲机对全营地动态实时通报。杜×杰带领警察冲出4号门后,工人大量涌上前来,企图用钢筋头追击中方人员,并与警察发生肢体冲突,危机形势下,公共安全部要求当地警察朝天鸣枪警示,在肯尼亚5名警察发出18枪警示下,肯方工人攻击势头才得以缓解。安全官杜×杰趁势乘皮卡车带领3名警察奔向后场,迎接1名技工和九标5名技术人员,并同五标安全官王×以及所带的6名警察汇合后,成功将中方人员护送进营地。事件发生十五分钟后,五标、四标、三标人员相继到达营地进行支援,进一步控制和稳固了事态的发展,对顺利平息此次事件起到重要作用。

2. 事件应急处置结果

事件发生后,项目部及时启动应急预案,组织安保力量对事态进行控制。上级指挥部带领21名警察迅速赶到现场,加强了对事态的控制。当日上午由上级指挥部及项目部公共安全管理人员与工人代表进行协商。该次事件无中方人员伤亡,无财产损失。

(二)人身伤害事件案例处置

×年×月×日下午5点50分左右,项目部员工徐×在营地临时库房附近遭到其所管属的工人Benson Letuya Njoroge的殴打。事件发生后,附近执勤两名人员立即将该名肯方员工控制，对徐×进行了保护，公共安全部立即赶往现场，积极采取应急措施对围观人员进行了疏散，事件并未扩大。项目部第一时间将徐×送往附近的 Naivasha 医院进行救治。

事件发生后，项目部领导高度重视，向上级指挥部进行了汇报。上级指挥部向项目部临时增派了 3 名警察加强安保，并派分指督查长官前往我部了解事情经过，对施暴者予以了强烈谴责。当晚就对事件进行了调查，事发时现场执勤人员就在事发地点，是该名肯方员工殴打徐×的目击证人。据执勤人员介绍，该名肯方员工使用铁锹对中方人员头部及肩部进行殴打，且中方人员并未给予还击，执勤人员发现后立即前往制止并控制住该名肯方工人。

对于执勤警察及时控制施暴的肯方工人，项目部表示高度赞赏并给予奖励。事发当时执勤队长 Clement 缺勤，事发半个小时才回到现场，后以施暴者需要接受治疗为由将施暴者释放，公共安全部要求派警察随同施暴者一同前往医院，遭到队长拒绝。对于队长 Clement 无故缺勤及释放施暴者行为，由上级指挥部的公共安全部给予相应处分，并予以更换。

第六章　铺架项目施工进度管理

铁路工程是一项庞大复杂的系统工程，具有造价高、技术新、标准高等特点，再加上海外地区社会和自然环境与国内可能有所不同，工程项目相互制约的因素更多、施工工艺更加复杂、施工工期要求更紧，这些都对施工管理提出了更高的要求。铁路铺架工程是保证铁路能否按期通车的关键环节，但是它延展里程长，影响进度的因素更为复杂，而且还会受到线下基础工程工期延误影响，因此，其施工进度管理是施工管理中的地位更加凸显。

本章首先分析施工进度的影响因素，然后阐述进度风险识别和评价的方法，最后论述了施工进度管理与风险控制的流程、方法和策略。

第一节　施工进度的影响因素分析

相比在国内建造铁路，在海外地区建造铁路进度风险问题更为突出，影响工程进度的因素有很多，无论怎样划分，总体上都可以归结为承包商因素和非承包商因素，非承包商因素又包括政治稳定性、霍乱等传染疫情、法律变化、宗教问题、罢工、业主违约或工程变更，等等。下面做具体阐述。

一、承包商自身的因素

承包商自身的因素，主要是由于承包商对项目所面临复杂情况预计不足和管理能力不足造成的。这类因素是不能向业主进行索赔的，只能由承包商自己来承担各种损失和赶工费用。

对于海外铁路 EPC 项目的管理，各种风险因素只是影响项目成功的外因，而企业自身的业绩经验、技术和管理水平、人才的培养储备、资金实力才是项目成功的内在因素。

在设计环节，国内的铁路 EPC 项目之所以进展迅速，原因之一就是设计、采购和施工基本上是并行的，即边设计、边采购、边施工。这种“三边”方式的缺点就是后期的设计变更过多，在国内由于组织协调比较容易，这种方式可能对工期的影响不大。但是在国外，设计变更会造成人员和工机具的重新安排、材料的重新采购和设备的改造，给整个项目的组织协调带来巨大的困难。同时，由于时间和空间的巨大差异，现场跟设计人员的沟通也存在问题，对于重大的设计变更，可能还需要设计人员到现场了解情况，这些都无疑会造成工期的延误。

在施工设备和重要物资（例如钢轨）采购环节，国内的设备从发货到运至现场至多一个星期。但在国外，不仅运输距离远，途中环境恶劣，而且货物装卸、清关手续复杂，设备材料从发货到运至现场，可能需要2～3个月的时间。如果遇到设备滞港等一些特殊情况，等待的时间可能更长。

在施工环节，主要考虑工人的工作时间和工作效率。国内的工程项目一旦开工，基本上全年无休，赶工时晚上还要加班加点。但在国外很多国家，法律明文规定禁止夜间作业，禁止强迫工人节假日加班。对于工作效率，国内的工人到国外后，由于对新环境的不适应，对新工艺、新材料、新设备、新工具的不熟悉，以及文字和语言上的障碍，都会造成工作效率偏低。而对于在铁路属地国当地雇佣的工人，普遍工作状态比较松散，技能水平不高，工作效率低下。承包商若无视这些因素，则面临工期延误的风险。

二、非承包商因素

(一)政治稳定性

作为"一带一路"先行者的铁路，是"一带一路"倡议构想的重要实践，首先会受到政治因素制约，包括区域地缘政治环境和各国政治环境。当前，全球地缘政治风险主要集中在中东、南亚、东欧和东北亚。"一带一路"推进中，不可避免地会遭遇围堵、猜忌、搅局和不合作等，并且可能因此引发一些外交摩擦和地缘政治冲突。由于"一带一路"各国的种族民族、文明文化、宗教信仰大不相同，产生了不同的民族文化、社会认知、价值观念、风俗习惯、企业文化等。需充分认识文化宗教这些"软实力"的重要作用，以及因此而产生的"隐性风险"。

"一带一路"沿线国家，特别是中国周边众多国家均处于复杂的政治经济社会转型过程中，政府首脑换届和政权更迭会给整个国家和区域的发展带来很大的不确定性，由此导致内政外交政策缺乏延续性，使外国投资者在政经局势突变后遭受巨大损失。"一带一路"沿途沿线国家中，有的国家没有投入和付出的准备，而是指望"搭便车"，希望"一带一路"给它们带来收益和实惠。很多国家的政治外交经济动荡，将会增加投资成本，降低合作效率和收益回报，进而影响中国企业的海外利益。外交摩擦、政治冲突、社会动乱会严重影响工程建设进程，造成工期的延误。

(二)恐怖袭击

从公共安全环境看，"一带一路"沿线铁路工程面临着国家争端和恐怖袭击的挑战。涉及中国公民的安全事件时有发生，针对中国公民的袭击、抢劫、绑架和排外事件已经严重威胁到中资企业及驻地机构有关中国公民的生命财产安全和合法权益；一旦发生恐怖袭击，必然因工程停工甚至人员撤离而严重影响施工进度。

(三)法律问题

首先法律环境的风险表现在法律体系的差异上面：中国是大陆法系国家，但是世界上其他比较发达的国家多数是普通法国家，而一些发展中国家由于以前是发达国家的殖民地，也往往继承了普通法的传统。普通法系国家的法律传统与我国存在比较大的差别。

其次海外建设项目涉及的法律比较多，可能涉及合同法、建筑法、土地管理法、税法、劳动法、环保法、知识产权法等诸多法律法规。在一些发达国家，法律在环保和劳工方面的要求非常严格，稍有不慎，可能就会触碰当地法律的“红线”，遭受法律风险带来的损失。

铁路建筑企业如果对属地国法律认识不全面，必然影响会出现各种纠纷，这些纠纷也必然影响工程进度。

（四）罢　　工

我国法学家史探径先生对罢工的构成要素分析如下：(1)罢工为单纯之业务休止，并非劳动契约之终止；(2)罢工为依多数受雇人组织所为之业务休止，一人罢工之观念为法所不许；(3)罢工为受雇人之业务休止，并依照法定程序为之；(4)罢工应以经济性为目的；(5)罢工为经济斗争手段，即雇用人与受雇人之利害相反，立于不能依和平办法为协议之状。

罢工可以分为政治目的罢工和经济目的罢工，政治目的的罢工意在用罢工来达到某种政治上的诉求，其针对的对象一般是政府或执政党；而经济目的罢工主要是雇员针对雇主的行为。狭义的经济上的罢工，是在海外工程项目中资企业常面对的情况。

我国1975年《宪法》第28条和1978年《宪法》第45条均明文规定公民有罢工自由，但1982年第五届全国人大第五次会议通过的新宪法中取消了“罢工自由”的规定。对于罢工权取消的依据主要有以下两种解释：(1)社会主义经济体制为公有制，职工利益与企业利益是一致的，不存在劳资矛盾，无罢工的利益诉求，因此劳动者不需要罢工权；(2)1975年和1978年宪法都将罢工权定义为政治性权，而非经济性权利。目前，我国仅在《工会法》的第27条中有与“停工”有关的规定，当中要求企业应妥善解决“停工”争取尽快恢复工作秩序。国内法有关罢工权立法的缺失使得一旦面临罢工的现实，就面临着无法可依的境况，这也使得在国内的建筑施工单位、企业法务甚至律师都对罢工都极为陌生。

因此，多数铁路建筑企业走出国门并开发海外铁路工程项目时，一旦面对不同的法律环境，遭遇罢工，就会陷入“水土不服”甚至无所适从的窘境。

（五）征　　拆

征地拆迁是工程项目前期筹备和实施中的重要工作之一，是确保工程按施组有序开展并按计划进度完成的重要因素。按照常规的工程承包协议，征地拆迁都属于业主方责任，但是，有的国家征拆程序繁琐，政府部门、业主办事效率低下，使得征拆工作无法按计划落实。

像肯尼亚、马来西亚、埃塞俄比亚等国家，其土地高度私有化，个人尤其是企业对所持土地有相应的使用规划，往往并不同意国家进行征用，因此很容易产生法律纠纷。以肯尼亚为例，任何关于征地拆迁的纠纷都有可能被提交到土地和环境法院，法院会根据该管辖类似的依据进行判决，征地拆迁纠纷的产生将严重影响承包商对土地的正常使用，进而对项目工期造成制约影响。

土地价值根据市场价格的变动，往往造成土地私有者对赔付价格不满意，拒绝国土部门的赔付价格。个别民间组织以环境保护作为支撑理由，夸大项目建设对当地环境的持续性的损害,或可能持续的土地流失,努力营造负面舆论,增大征地工作阻力。

(六)物资供应

在国内设备采购环节,国内的设备从发货到运至现场至多一个星期。但在国外,不仅运输距离远,途中环境恶劣,而且货物装卸、清关手续复杂,设备材料从发货到运至现场,可能需要 2~3 个月的时间。如果遇到设备滞港等一些特殊情况,等待的时间可能更长。

铁路属地国当地水泥、砂等原材料供应商的供应能力不足时,或者运输条件不具备,或者仓促量不足,也会严重影响工程进度。

(七)业主配合力度

业主的配合力度影响项目的进度。由于国情的不同,文化背景的差异,政治经济条件的影响和思维方式的区别,两国参与施工的人员在项目进展过程中肯定会有不同的想法,处理好与业主、施工单位和所有有关各方的关系会大大有助于项目的顺利进行。这也必将影响进度管理的成效。

(八)宗　　教

海外铁路铺架工程涉及国家和地区较多,各民族宗教信仰存在差异,民族风俗习惯各有不同。在项目进度管理的设计和安排中应给予足够重视,注意效率问题,避免工期延误。

(九)跨文化交流

跨文化又叫交叉文化,是指相互作用的群体之间具有两种或两种以上的不同的文化背景。跨文化管理就是对具有不同文化背景的人、物、事的管理。铁路铺架项目线长点多,既要考虑当地聘用人员与中方人员之间的文化冲突,又要考虑与铁路经行地区居民之间的文化冲突。文化冲突的表现是多种多样的,有来自风俗习惯的,有来自价值观念的,有来自行为举止的,有来自自然环境的,等等。无论是哪一种文化冲突表现,都可以归纳到工程项目内部层面或工程项目外部层面。

为了实现属地化的经营目标,同时为了满足铁路属地国法律法规的要求,铁路工程项目除了聘用母国的人员外,还要雇用一定数量的铁路属地国人员,尤其是轨枕钢丝编组、上砟整道等各劳动密集型工序岗位需要大量雇用当地人员。以肯尼亚为例,其全国有 42 个民族,主要有基库尤族(17%)、卢希亚族(14%)、卡伦金族(13%)、卢奥族(10%)和康巴族(10%)等,而且各族民俗差异很大,由于铁路项目延展里程长,必然需要雇用不同族群的人员,由于所雇用人员各自所属的文化环境不同,极易在项目内部造成文化冲突。这种文化冲突又分为两种类型:项目成员之间的文化冲突和来自项目成员的文化与项目部原先文化之间的冲突。项目内部层面的文化冲突往往导致项目组织沟通的不畅、管理效率的下降,从而加大项目经营的成本。

在项目外部层面,在铁路工程项目进入铁路属地国之后,会受到来自铁路属地国外在文化环境的影响,包括消费者、供应商、政府所颁布的有关法律法规、相关团体及政府机构等。铁路属地国的文化环境与项目文化的冲突,往往使项目及其经营活动受到铁路属地国的国民抵制,其严重后果可能是阻止施工、破坏已经建成的铁路、偷盗铁路器材,甚至通过新闻媒体等恶意中伤铁路建设质量。

（十）当地人生活消费习惯

有的国家的雇员倾向于有钱就花，没钱再挣，倾向于今朝有酒今朝醉，例如，在某国的铁路项目，在每次结算工资的第二天，就有一部分工人不去上班，出去旅游，或者购物等活动，消费完了，玩累了，才回来继续上班。施工单位也适应了这种情况，只能平时多雇佣些人，这就使雇佣的人员变动大，经常出现一个班组正做一项工作。好不容易做顺手了，却又换了另一班作业人员，使得我方人员不得不重新指导培训，而这也延缓了项目进度。

（十一）重大灾害

建筑工程通常在室外露天作业，工程进度、成本和质量受项目所在地自然环境的影响非常大。自然环境的风险，可以概括为“上天、下地、中空气”，包括不良气候，高温、雨季、严寒等；地理情况，如地下地质、海拔、地貌、地下水文等；自然灾害，如旱灾、洪涝、飓风、风暴潮、冻害、海啸、地震、火山、滑坡、泥石流等。另外，还有一些人为造成的环境影响，比如在近期曾经发生过战争的国家阿富汗、安哥拉、苏丹、斯里兰卡等地，还需要关注战争遗留的武器（地雷等）造成的安全风险。

重大自然灾害一般都会影响工程进展。

（十二）传染疫情爆发

霍乱、鼠疫等传染疫情爆发，因隔离等措施，必然影响施工进度。

（十三）业主违约或工程变更

业主违约，或业主修改设计、增加或减少工程量、增加或删除部分工程、修改实施计划、变更施工次序，会造成工期延长。

第二节 施工进度风险识别与评价

铁路工程项目施工进度风险控制管理的最终目的就是辨识出影响铁路工程项目进度计划的各类风险因素，找出进度计划中的重点活动和薄弱环节，确定项目工程网络计划，为项目工程的管理人员提供进度计划的风险报告及应对措施，为工程项目的决策和审查提供信息。在铁路工程项目施工进度风险控制管理实施过程中，应依照进度风险识别、进度风险估和评价、进度风险对策这三个阶段对各个进度风险因素进行分析研究和控制管理。

一、进度风险识别

1. 铁路工程项目进度风险识别概述

铁路工程项目进度风险识别根据风险来源分为两种：外部风险识别和内部风险识别。其中，自然风险、政治风险、市场波动风险等超出项目范围，不能采取相应手段进行控制的风险一般称为外部风险；技术风险、资金风险、安全风险等包括在项目范围内，可以采取有效手段进行控制或转移的风险称为内部风险。进度风险识别工作应该从各个角度、层次进行，从整体到局部、从前期到后期全方位地识别。

(1)铁路工程项目进度风险识别的特点

①差异性

铁路工程项目进度风险的差异性主要是由于铁路工程项目自身的唯一性所决定。不存在完全一样的铁路工程项目,也不存在完全一样的风险。不同的铁路工程项目,其存在的风险类型也不同。

②主观性

铁路工程项目进度风险的识别是靠管理人员的主观意识来判别的,不同的个体的综合素质、专业水平、对项目了解程度不同,进行风险识别的结果必然不同。

③复杂性

铁路工程项目建设周期长,其自身的复杂性决定了建设过程进度风险的复杂性,任何一个环节或者要素考虑不周,都有可能成为隐患,影响工程进度。只有管理人员具备较高的技术水平和敏感性,才能将繁多的风险事件和风险因素尽可能地考虑周全。

④不确定性

铁路工程风险的复杂性以及风险识别过程依靠人的主观意识等特点,使得风险识别本身也成为一种风险,包含很大的不确定性,风险识别偏差过大必将给铁路工程项目带来巨大损失。

(2)进度风险识别的原则

①由细到粗,由粗到细

由细到粗是指根据类似铁路工程建设经验和技术经济指标对拟建工程开展调研,从类似项目的所有风险清单中筛选出对项目进度目标实现有重大影响的类目,作为拟建项目风险分析和风险评价的主要对象。由粗到细是指把上一步筛选出的风险类目进行适当分解,一一细化,从而得出拟建铁路工程项目的初步风险清单。

②风险含义的界定

风险识别时需要严格界定进度风险的含义、范围,以防止重复、漏项现象的发生。

③怀疑在先,排除在后

风险识别时一定不能轻率的剔除个别风险,必须保持谨慎客观的态度,首先确定是否存在不确定性,然后进行深入分析方可确认或剔除。

④重视风险因素之间的相关性

铁路工程风险往往包含相斥、主从、因果、正相关以及负相关等相关性,对项目识别时,要考虑到所有风险之间的相关性。

⑤排除和确认共存

及时排除与确认无争议风险,对于无法快速确认的风险,应进行深入分析,再最终定夺。在风险识别时,遇到个别确定不该排除又无法完全肯定是否确认的风险,应当按确认考虑处理。

2. 铁路工程项目进度风险识别基本方法

(1)专家调查法

专家调查法需要邀请多位在铁路工程管理方面工程实践经验丰富并有一定理论素养的专家参加,与会专家通过分析拟建工程项目的具体特征及内外部环境,找出拟建项目各阶段潜在的风险,并初步估计各个风险事件出现时造成的损失程度。该方法邀请专家越多,识别的风险越完备,即使在项目工程资料及参考数据不齐全的情况下,也能对铁路工程项目的风险做出定性和定量预估。

专家调查法包括德尔菲法、头脑风暴法及个人评判法等十余种方法,在这些方法中运用最广的是德尔菲法及头脑风暴法。

(2)情景分析法

情景分析法是使用数据、图表、曲线以及其他描述方式,对铁路工程项目未来的某一状态进行具体细致地表述与分析,从而预测工程风险因素等造成的影响程度的一种方法。情景分析法能够分析某一关键风险事件发生的条件,以及假定因素与风险影响程度的相关性,即当假定因素变化时,风险种类以及影响程度会产生何种变化。

(3)财务数据法

财务数据法能够呈现铁路工程项目的基本财务情况,项目风险控制管理人员能够通过综合分析各种财务报表及时发现工程风险。该方法不仅可以检查项目当期生产计划完成情况,还能够通过分析预估项目将来的风险收益,作为企业绩效考核的依据。

3. 铁路工程项目风险识别流程

进度风险识别是进度风险分析的第一步,也是进行风险估计、评价与决策的基础。进度风险识别的目标是尽可能地找出所有影响项目进度的风险因素,确定这些风险因素可能发生的时间、界面和对项目进度的影响。在进行风险识别时,要尽量找出尽可能多的风险因素,为之后的风险分析提供素材。

(1)数据收集

资料收集是风险识别的准备工作,大多数的风险都是由于掌握的信息的不完整或不可靠而导致的。因此,资料收集的完整、可靠与否,往往直接影响到风险识别的工作质量。在铁路工程项目施工阶段,风险数据的收集通常有两种渠道。

①间接数据获取

间接数据获取即通过进度风险事件出现的环境资料获取。影响项目的环境资料既包含有气象、地质、灾害等自然环境的统计信息和预测信息,还包括政策、经济、文化等社会环境的信息。通过对这些环境资料的收集,提取影响项目进度的诸多因素。

②相似工程类比获取

搜寻之前已经实施的铁路工程项目建设案例的相关资料,对影响工程进度的各类风险因素分类汇总,为项目进度识别后续工作提供资料。

(2)估计风险形势

完成数据收集之后，就要对进度风险形势进行分析，即初步判断资料收集得来的所有风险因素对铁路工程项目的进度目标产生影响的大小，过滤掉一些对项目进度目标影响甚微的风险因素，如暴力冲突、发生治安事件、当地工人罢工、当地工人作业效率低下、施工用电临时中断、突然停水等。同时，对于不同的项目阶段、工程结构和建设环境，其进度风险存在的种类、影响程度也各不相同。因此，在对风险形势进行分析时，要针对具体项目的具体施工环境，因时制宜、因地制宜，对进度风险因素进行具体分析。

(3)计算工序时差和系统总时差，预估风险因素影响时间

根据项目的施工计划，制定包含所有工序的网络计划图，并找出该网络图中路径长度最大的关键路径。当网络图中包含多条关键路径时，需要将全部的关键路径都找出来，然后计算网络计划中所有活动工序单时差和工程总时差。活动工序的单时差指的是后接工序的最早开始时间与本工序的最早完成时间的差值，工程的总时差指的是该工程的最迟完成时间与最早完成时间的差值。最后，对工程网络计划中的全部工序进行风险因素判定：若工序处在网络图关键路径上，则直接判定为风险因素；若工序不在关键路径上，则要分情况进行排除。

在项目风险因素识别的过程中，风险因素的预期影响时间 T 的合理设置十分关键。若 T 数值设置过大，则会漏掉部分应该予以考虑的风险因素；若 T 数值设置过小，则会将一些不必要的风险因素考虑进来，导致风险因素集合增大，提高了风险分析的工作量。因此，在对 T 数值进行设置时，应充分参考同类项目的风险分析过程，并综合各个专家的意见，提高 T 数值的适用性和合理性。通过上述判断，可以将对项目进度目标无影响的风险因素剔除，确定该铁路工程施工项目的进度风险因素集合。

(4)在对风险因素集合中的所有因素进行确认后，可以将这些风险因素进行类别划分以方便后续操作，然后编制风险识别报告，作为项目进度风险分析和控制的初始依据。

二、进度风险估计

在进度风险识别中确认了工程项目潜在的风险因素后，需要进一步对风险识别报告中列出的风险因素进行估计。这一环节的主要任务是将已经识别出来的风险因素的发生概率和可能带来的损失程度、影响范围等进行分析估计，制定进度风险管理方法，并作为下一步风险评价的依据。

依据相关文献对风险量的定义，进度风险估计主要包含两个部分：一是进度风险发生的概率；二是进度风险造成的影响。

1. 进度风险发生概率估计

针对每一个进度风险因素，为估算其发生的概率，可使用蒙特卡罗法对所有风险因素发生的情形进行随机模拟，在使用计算机进行随机抽样时可以使用均匀分布、正态分布等分布函数进行发生概率的计算。为了简化进度风险估计计算过程，可以依据蒙特卡罗模拟结果，对风险因素发生的频繁程度进行分级，设置总是、时常、很可能、偶尔、极少、不可能这 6 个级

别。根据每个风险因素发生可能性的大小，对它们进行判定分级。

2. 进度风险影响程度估计

这一步骤的评估，主要分析的是假若进度风险事件已经发生，该风险因素会对整个项目的进度计划产生多大的影响。依据影响对象和范围的不同，主要包含以下 4 个方面的评估：

(1)风险事件发生的时间估计

风险事件发生的时间估计即对进度风险清单中每个风险开始产生影响的时间进行预测，这也是后续风险分析的主要目标之一。从风险控制的层面来看，应该依据风险事件发生的时间先后有针对性地制定阶段应对措施。通常情况下，早出现的风险应优先执行风险控制措施，较晚出现的风险事件应保持实时跟踪观察，选择合适的时机进行调整，以节约风险控制费用。从施工安排上讲，部分风险事件可以通过合理调整施工计划，适当安排工序开始时间，最大程度地降低风险发生的可能性及风险损失。

(2)进度风险事件影响范围的估计

在完成风险事件影响范围估计后，需要对风险事件影响范围进行估计，包括预测风险事件可能影响的工程部位和可能影响的界面或分部分项工程。在铁路工程项目施工过程中，存在某些风险事件发生可能性很小，耽误工期程度也不高，但是一旦发生，便会对铁路工程项目诸多界面的工序产生影响，大幅增加施工成本，此类风险事件是风险影响范围估计工作的重点。

(3)进度风险事件耽误工期程度估计

耽误工期程度估计主要是预估风险事件发生后导致的工期滞后时间的长短。在铁路工程项目施工过程中，存在某些风险事件，出现的可能性非常小，但是一旦出现，将严重影响项目工期。例如，基础工程排水、降水标准选取过高，即认为基坑泡水的可能性很小，但是一旦遇到特殊天气、地质情况，不能及时排水、降水导致基坑泡水，将对基础工程工期产生巨大影响，此类风险事件是耽误工期程度估计工作的重点。

(4)估计完工概率及项目总进度风险

估计完工概率及项目总进度风险是风险估计阶段的关键任务，也是项目决策层的主要关注点，估计结果往往会直接影响到铁路工程项目的整体决策。工程项目完工概率估计的方法很多，以计划评审技术估计完工概率最为准确。

三、进度风险因素评价

进度风险因素评价的目标是依据项目承受能力、风险因素发生的概率和对工期影响的大小等条件，对所有的风险因素进行综合排序，并依据风险评价标准判断风险是否在可接受范围之内。除了对单个风险因素进行排序和标准比对，还要对铁路工程项目整体的风险因素进行综合排序，并分析该风险是否在可接受范围之内。风险评价对于进度风险的管理尤为关键，是风险控制人员制定风险应对策略并实施风险控制的主要依据。此外，进度风险评价还要对各风险事件之间的内在联系进行评定，判断需要重点关注的风险因素，减少风险应对措施的复杂度。最后，进度风险评价还可确定风险事件对项目总工期的影响程度和可能的损失强度，在后期采取措施将风险事件影响范围和损失程度降至最低。甚至，进度风险评价还可以得出风险转变为机会的条件，为不利事件转变为有利事件提供可能。

第三节　施工进度管理与风险控制

一、管理重点

施工进度控制管理的重点是制定项目建设的总体施工进度计划。海外铁路工程项目在开工前必须组织团队研究项目施工组织的问题，包括工效、资源配置、工期目标等。

将总工期目标分解到年度、季度、月度施工计划，并根据工程建设需要适时调整，以保证施工计划的超前性、指导性、控制性和可实施性。

每月进行进度统计，与下达计划进行对比分析。对影响进度的障碍因素可通过每周例会制度狠抓落实，逐个落地。以月度目标保季度目标，季度目标保年度目标，年度目标保总体目标实现。

二、梳理并制定重难点工程

编制《重难点工程施工计划梳理表》，其内容包括重难点工程工点名称、影响该工点施工的主要因素、计划开工日期、延迟日期、进度计划、班组配置、机械设备配置等信息。

通过梳理重难点工程，全面掌握项目重难点工程动态信息，为相关领导的决策提供依据，为及时扫清影响重难点工程施工的障碍因素提供依据。

对于海外铁路项目，施工单位应理清施工思路、合理制定施工计划、合理进行施工组织安排、按照施工组织计划顺利有序开展新工点的进场施工起到积极的推动作用，避免因征地、拆迁不到位及施工图供图不及时等问题影响施工组织安排，造成窝工等延误施工进度，为外联部和设计部就上述问题的工作开展提供时间节点以便参考。

三、统计分析

统计分析是进行科学决策和管理的一项重要基础工作，是进度计划执行过程中的重要监控手段。

以周为单位对施工班组的人员、设备、油耗等进行统计分析。通过分析统计数据可为各班组人员、机械配置合理的合理性提供数据支持，也有利于分析施工效率是否达到平均水平，材料消耗、利用率是否超标等，为分析施工进度情况提供依据，实现动态监控。

四、风险应对基本方法

铁路工程项目的风险对策制定过程，就是利用各种技术手段和经济措施等对各类风险因素进行控制，减小风险出现的概率与风险造成的损失。

目前，铁路工程项目风险对策主要有两种类型：防范策略和响应策略。防范策略是在风险出现之前，采用各种措施对风险进行预防；而响应策略则是在风险事件出现之后采用相应措施，减少风险带来的损失。风险对策的研究重点在风险防范。

由于风险对策是项目管理人员人为制定的，风险管理人员的风险偏好和工程经验对风险对策有很大的影响。冒险型的决策者会选择最大利益的方案，虽然这种方案的风险发生概率有点高；保守型的决策者大多会选择风险发生概率较低的方案，虽然这种方案所能带来的利益有限。但是上述两种制定风险对策的目标都是一致的，即采取所有可能的措施将风险出现的概率或风险带来的损失降到最小。为此，不同种类的风险相应的具有不同的应对策略，应具体情况具体分析，找出最为合适的风险控制措施。

1. 风险规避

风险规避就是采取各种方法和措施消除风险出现的条件，从而减小风险事件发生的可能性。风险规避是最为高级的风险防范，但在是现实中通常需要改变进度计划来消除风险发生的条件，这就涉及到整个项目活动的调整，因此除非是风险发生概率较大、损失较大且无法控制，或者风险会带来无法弥补的灾难性损失，否则不会选择风险规避方案。此外，风险规避也会带来机会的规避，可能会损害或降低项目的利益。

2. 风险转移

风险转移是将风险转嫁给其他的组织或个体，通过这种方式降低风险带来的损失。既可以将风险转移给保险公司之类的第三方，也可以通过分包方式将一些专业的施工过程承包给具有相应处理能力的公司，或协商谈判获取工期变动，将风险转移给投资方。但值得注意的是，风险转移同时也意味着权利和利益的转移，风险转移也不能消除风险，只是将风险带来的损失转移给其他方，从而减少了风险给自身带来的损失。

3. 风险减轻

当风险难以避免或转移时，可采取风险策略来减小风险出现的概率或降低风险带来的影响，将风险控制在一个可承受的范围之内。风险和利益是相辅相成的，风险值越高，能够带来的利益就越可观；风险越小，能够带来的利益也相应越微薄。因此，对更多的风险而言，采取风险减轻措施是最为明智的选择。

风险减轻可以在风险出现之前，采用适当措施降低风险出现的概率，如制定规范化的施工流程，岗前业务培训等。对于无法在出现之前就进行防范的风险，可以通过其他措施来缓解风险带来的影响。如遇到风霜雨雪等恶劣天气时，不能施行室外作业，但可以进行室内工作的安排，从而降低这些风险因素对项目的影响。而对那些发生概率较小，但一旦发生就会带来灾难性的风险因素，还需要制定应急预案，以免造成整个项目的失败。应急预案主要包括风险减免、风险分割和后备应急措施等。

工程施工项目是复杂性极高、控制难度极大的一项工作，一个小小风险的应对不当，就可能会带来难以估量的损失。因此，制定风险应对策略，不能生搬硬套，要具体情况具体分析，根据历史经验和现场环境等，制定出与该项目相匹配的风险应对措施。需要注意的是，任何风险对策都不是万能的，不能应对所有的状况，因此在项目的开展工程中，也要对风险对策进行适时调整，提高风险应对的成功率。

4. 进度风险决策

进度风险决策关注的重点是风险对项目工期的影响，同时也要考虑对项目质量与成本的影响，不能以牺牲项目质量或大幅度增加项目无效成本为代价。与项目风险决策过程类似，进度风险的决策过程主要有进度风险规避、进度风险转移和进度风险减轻。对于铁路工程项目的建设来说，不同类型的进度风险需要采取的应对策略也是不同的，需要依据项目的具体环境和管理水平，制定出适合本项目的风险对策。

进度风险规避是指依据前面的风险评价结果，采取相应措施消除影响工期进度的风险因素发生的条件，从而避免风险对进度计划的影响。

进度风险转移主要是将可能导致工期延误的风险因素转移给其他组织，较为常见的是将专业性强、施工难度大的工程分包给擅长该领域施工或具备高难度施工能力的公司，不但能保证项目的整体进度计划，还能给专业的分包单位带来利润，产生双赢的效果。还有一种进度转移是在制定施工合同时，选择对施工方最为有利的工期计算方式或工期变动条款，将进度风险转移至投资方。这样当需要调整工期时，可以依据合同提出增加工期的需求，避免因工期延误对施工方造成损失。

进度风险减轻也是通过各种风险缓解措施降低风险发生的概率或减小风险影响的范围，将风险控制在一个可以接受的范围之内。在进度计划的执行过程中，若某一项活动超出了预算的作业时间，造成预计工期的拖延，为了保证后续各项活动能够按计划实施，可以通过增加人员或夜间施工压缩某项后续活动的作业时间，并行执行某些后续活动等措施来对整个项目的进度进行控制，保证项目工期目标的实现。

五、风险控制策略

风险控制策略应从两方面去考虑，即首先考虑承包商因素，其次是考虑非承包商因素。下面阐述主要的几种进度风险控制策略。

（一）罢工的应对

1. 应对罢工的宏观战略

（1）提升海外工程项目的风险意识，进行科学的风险评估

风险评估作为全面风险管理中的一个重要环节，在本质上表现为一个信息提炼和信息抽象化的过程，风险评估过程基本上是企业运行中的一个“黑箱环节”，企业无法对其所面临风险大小进行准确的判断和认识。这就意味着在投资项目、进场前要对项目进行科学、充分的调研和信息搜集。因此，从罢工层面说，企业应当自行组织有经验的团队或聘请专业咨询机构，充分调研当地的政治局势、舆情和劳务市场的相关信息，并和当地有施工经验的企业相互交流，将一些必要因素考虑在谈判和合同的内容中，以便最终确定工程项目劳务用工的

方式、合理的用工单价并根据实际情况分析可能引起罢工的原因、制定预防罢工的预案。

(2)树立建设法治企业的理念，提升企业的法治工作水平

面对广阔的海外市场和国家层面的“走出去”战略的逐步推进，建设法治企业是我国企业与国际接轨的必然要求。很多法制观念淡薄的企业没有树立起依法治企的基本理念，一旦进入法律体系健全、法制观念强的国家的市场，一些在国内施工和管理套用的方法、积累的经验就会在很大程度上“失灵”，轻则多走弯路，重则项目亏损，企业进入该国市场的计划落空，甚至对于国家战略层面的整体布局都会有严重影响。

企业内部的治理结构要依法设立以企业法律顾问为核心的法务机构，并和与企业业务密切相关的国内、国际律所和专业咨询机构建立良好的合作与沟通；企业要遵循市场规则，严格恪守国内和境外工程所在国的法律、法规和国际公约。只有全面提升依法治企能力，自觉将改革精神与法治思维有机结合，严格遵守国家法律制度，规范运作，才能落实好各项改革措施，有效避免在实践中出现重大矛盾和问题。

(3)积极履行社会责任，逐渐用实际行动树立企业的良好声誉和形象

我国企业在海外工程项目施工过程中，应积极参与当地社会事务、履行社会责任，为促进当地社会经济的发展创造良好环境，用实际行动逐渐赢得当地居民的好感，与其建立融洽的合作关系，从而树立企业的良好声誉和形象，为争取更多市场份额，更长远的市场战略做好铺垫。中国路桥在履行社会责任方面堪称典范，其在肯尼亚蒙内铁路项目的施工过程中，积极履行社会责任，为学校修建校舍，为居民修整便道等，做了大量的社区公益活动，使中国路桥在当地赢得了广泛赞誉。蒙内项目的延伸项目内马铁路相关协议的迅速签署一定程度上也得益于中国路桥在公益事业中积累的良好口碑和声誉。

2. 应对罢工的具体策略

下面以肯尼亚蒙内铁路为例介绍中国路桥在应对罢工方面取得的经验。

(1)加强与当地员工的沟通

目前，中资企业的海外工程项目遍布全球，提高海外属地化管理工作水平是中国企业走向海外市场必须面对的挑战，沟通上的障碍自然成为这项挑战中的难点。没有顺畅的沟通，在平时的工作和生活的交流中很有可能会产生一些不必要的误会，在特定的情况下这类误会甚至会成为罢工或群体性事件的诱因。

在加强当地员工的沟通方面主要有以下三点：

①在项目上要根据实际情况配备充足、能与当地人顺利沟通的翻译，并尽可能的在一些涉及沟通的关键岗位上配备学习能力较强的年轻员工，尤其是项目开展的前期，这对于是否能迅速适新环境并在当地打开局面非常关键。另一方面项目全体中方人员要培养学习当地通用语的风气，努力适应海外全新的环境和工作要求。

②要运用各种途径主动了解当地员工的诉求。其途径包括语言较好的管理人员经常深入一线与员工交流、定期召开员工代表会等。如员工诉求合理，力争将矛盾不突出的时候迅速化解；若诉求不尽合理甚至荒谬，管理人员也不要粗暴嘲笑或打压，拿出拒绝诉求的合理

依据并将道理讲清，多数情下况耐心合理的解释是能够赢得当地员工的理解和尊重的。

③要运用书面公告、开会、宣讲等多种方式将项目管理层的决策准确的传达给广大当地员工，尽最大努力消除谣言，避免员工对项目决策错误的理解。

(2)加强与当地雇员有关的制度建设与管理

外籍雇员管理所涉及的人数较多，管理内容繁琐、冗杂，涉及包括雇佣、休假、工伤、晋升、处罚、计算工资、发放工资、缴纳各类费用、解雇等诸多管理项目。在法治观念和维权意识较强的国家，针对这些管理项目而制定的制度必须要符合当地的法律、法规及公序良俗，不能有明显的纰漏。这对于减少包括罢工在内的各类风险，确保项目稳定推进具有重要意义。除了制度约束外，还要积极提拔、扶植品行佳、听指挥、技术好、威望高的“亲中”雇员和员工代表，建立当地雇员的管理体系，将属地化管理落到实处；在确保单线联系，保证人身安全的前提下广泛在当地员工内安插搜集信息的“线人”，利用此途径争取在第一时间了解员工动态。

(3)加强中方人员的相关培训与交流

企业要在更高层次为项目上不同工作性质的中方员工制定了解法律、法规的专业培训材料，用专业、易懂的书面教材的让整个项目管理标准更加统一化、规范化，避免基层工作者对于法律、法规理解产生歧义和偏差。不同层次的中方管理者要定期交流，相互借鉴好的管理思路和方法，并形成成文的管理经验。

(4)加强与当地相关部门和组织的积极合作与交流

在海外工程项目所在地的各级政府、议会、警察局、军队、工会等相关部门或组织往往在当地拥有各自的根基势力和丰富的资源，员工的很多行为活动都与他们有着千丝万缕的微妙联系。与其建立良好的关系，获得他们的支持不但有助于对当地雇员的管理，更能得到很多第一手信息，将这些宝贵的信息和安插在队伍里的“线人”提供的信息相结合，往往在事态发展的关键时刻能够让中方管理者做出正确的判断和决策。

(5)用法律手段制约罢工行为

尽管罢工是保障劳动者权益的有力武器，但多数国家的现实做法都是禁止暴力罢工和非法罢工，用法律手段严格控制罢工的发生和发展，以免罢工严重危害到公共利益或造成失控的情形。

很多国家明确要求罢工前必须预先通知雇主。如美国规定罢工要事先通知，并需依次经过调解、仲裁等程序。如有一方不愿仲裁，则由总统派设委员会调查，而后提出建议解决争端的方法，在委员会提出正式报告前和报告提出后 30 天内，禁止罢工行为。法国的各级公务员、担负公共管理职能的工作人员，如罢工必须遵守预告期的相关规定。在肯尼亚的劳工法案中也有明确规定雇员罢工必须提前 7 天书面告知雇主。在海外工程项目中，中资企业也应当仔细研读与罢工有关的法律条款或先例，聘用专业的律师，针对具体情况制定统一的应急预案，并让当地员工也了解罢工的法定程序与法律要件，用法律手段约束贸然罢工的行为，使其处于可预知、可控状态。

(6)罢工一旦发生应遵循的几点原则

一旦罢工迅速发生，管理层没有时间做出预防措施，应当保证以下几点原则：

①全力保障中方人员的人身安全，马上停止一切工作，返回安保力量强的安全地区并加强警戒。

②全力避免严重的、可能危及人身和财产安全的群体事件，不做出任何可能引发更严重骚乱的言行和决策。如事态失控，应第一时间与当地警察局或政府取得联系并寻求帮助。

③及时向上级部门汇报最新情况，以便获得更高层面的支持与帮助，避免扩大不良影响。

④运用各类途径继续搜集员工动态和信息，了解罢工的实际原因和员工的真实诉求，尽量避免中方人员在公众场合喊话，这通常会进一步骚乱。最好静观其变等待员工主动派出代表谈判或在时机成熟时提出和员工代表谈判，代表人数可以根据实际情况灵活掌握：代表太多，项目方对谈判场面难以控制；人数太少，一旦双方达成一致，代表们又无法对员工形成足够的说服力，一般人数控制在5～9人的奇数较为合理。

⑤选择合适的第三方参与谈判，要能够保证第三方在当地有足够的威信并平日与项目方关系良好。所有的谈判事项要在谈判进行前与第三方提前沟通，保证其想法、意见可控，信息对称，并在谈判开始不向员工暴露谈判底线。对于员工合法、合理的诉求，可以逐步答应；对于荒谬、完全不合理的条件，要坚决拒绝，做到在谈判桌上坚持原则，有理有据，软硬兼施。

⑥对于一般性质的员工罢工而言，其组织较为松散，一旦停工数日，员工内部就会出现不同声音和诉求。因此在保证安全和工程进度可控的前提下，尽量避免为了眼前利益和尽快复工而仓促答应不合理的谈判条件。实践证明，谈判中应坚持原则，即便为此延后了复工时间，但适当以"拖"的态度处理罢工事件后，往往会极大程度地降低短期内再次发生罢工的可能。

⑦要明确的是，稳定工作是绝大多数的外籍雇员的愿望。因此在罢工结束后，要积极拉拢安抚大多数员工，并搜集极为恶劣的罢工煽动者和组织者的违法、违纪的人证、物证，在与相关政府部门沟通并寻求支持的基础上将其坚决开除；若证据不充分但目标十分明确的情况下，可寻求适当机会以正当理由逐一将其开除。

总而言之，在海外工程项目的外籍雇员罢工事件中，如果项目方有严重过失，要态度坦诚，及时纠正错误；有时即便项目的管理没有很大的疏漏，一个很小的原因就可能引爆员工长期积累的不良的情绪从而导致罢工。此时就要在积极疏导员工不良情绪的基础上坚持原则，不盲目迁就。因此中方管理者要杜绝"谈罢工色变"的消极回避态度，正面对待罢工事件，客观、冷静的对其进行分析并及时向上级汇报，最终根据实际情况做出合理决策。

（二）负面新闻的预防及应对

下面以肯尼亚蒙内铁路为例介绍中交隧道局项目部在应对负面新闻方面取得的经验。

(1)舆情监督

肯尼亚媒体环境非常自由，且媒体从业者素质参差不齐，面对如此媒体环境，项目部对外部舆论环境保持充分的警觉，每天有专人负责关注肯尼亚的主流报纸和Mtito当地的电台，发现有针对项目的报道，第一时间上报。

(2)负面新闻预防

①规范自身行为,增强合规经营意识。项目部严格执行规章制度,避免违规事件的发生,不留口实给当地媒体。

②妥善处理好与利益相关方的关系。在一定范围内化解矛盾和分歧,避免利益相关方诉诸当地媒体,导致问题公开化和扩大化。

③面对媒体的问询要以开放透明的态度积极回应,在允许范围内提供第一手的新闻资料,把不实报道扼杀在萌芽之中。

(3)负面新闻的处理和应对

①针对不实报道,立即上报上级指挥部并收集相关信息,针对不实内容写作声明,通过上级指挥部或直接发送给相关媒体进行回应。

②面对客观报道,如果项目部出现了违规现象,查明属实后,立即做出整改,避免负面新闻再次出现。

③对于一些带有谣言和指责的负面报道,为了更为彻底的做出澄清和解释,在必要时,可以邀请上级指挥部有关负责人、记者,以及当地有影响力的人士前往项目部进行实地参观考察。

(三)征拆的处理

以蒙内铁路属地国肯尼亚为例,肯尼亚当地特殊的政治法律环境、铁路局和国土局办事的能力和效率较低、征地跨越郡县之多、土地所有权类型复杂(殖民时期遗留的私人领地以及肯政府与其他国家的交换土地等情况的存在),当地政治人士和民众诉讼阻挠、征地程序复杂和补偿款拨付迟迟不到位等,严重制约了合同规定的征地预期目标的实现。

为此,采取了三管齐下的工作方式:首先,与上级指挥部外联部紧密沟通,及时报告问题并解决问题;其次,深入现场,与土地所有者建立良好关系,争取理解,并配合解决当地人的就业和实际生活困难;第三,加强与业主和国土局征地负责人员的沟通,对征地过程中的业主和国家工作人员提供切实的支持,物质上提供交通工具,办公地点,加班津贴等,技术上提供全面、真实、客观的图纸和电子化信息。这些实际的外联工作,特别是在协助解决相关设计和拆迁的实际问题方面,对征地进程起到良好的推动效果。

(四)法律问题的应对

当争端产生,如何充分利用法律工具保护自身投资利益,在争端解决中争取更有力的局面,这些问题需要得到国内企业的重视。在投资前对属地国法律环境进行详尽地调查,切勿盲目"走出去"。知晓当地法律环境,避开法律"雷区",可以说是整个投资战略的第一步。就基础设施建设领域而言,在法律调查中应着重注意。

在海外建造铁路,企业更应重视从项目开发到项目完工过程中各环节的法律风险,否则在当地以及复杂的国际背景下,违反法律将成为剥夺项目权益最强硬的理由。企业须坚守铁路属地国法律意识和底线思维,遵守规则,树立良好的企业形象。

（五）物资装备供应方面的举措

对于装备设备，应提前进行设备采购，避免设备延后进场。

在原材料供应方面，尤其要考虑当地的生产能力。以蒙内铁路为例，在蒙内铁路建设过程中，考虑到肯尼亚乃至整个东非地区水泥市场的实际供应情况，水泥采购同时采用散装和50 kg袋装两种形式。各施工单位除建立相应的散装水泥筒仓外，还建立一定仓储量的袋装水泥仓库。各施工单位在建设施工营地中，规划了袋装水泥仓库的位置、存储大小。日常水泥仓储量（散装与袋装）至少能保证7天的使用量，从而避免了供应不及时的情况。

（六）其他措施

(1)利用先进的管理手段，例如P3、Project项目管理软件，对项目各工序进行科学合理地安排；

(2)结合海外项目的特点，合理预测工程各个环节的持续时间；

(3)充分考虑当地人的宗教信仰、文化习俗等对劳动效率的影响，对于当地人的工作效率做现场测定，以作为合理安排工程进度的依据。

第七章　铺架项目物资设备管理

二十几年前，中国建筑企业刚刚走出国门，物资设备通常依赖于国内采购再运输至项目所在国的模式。随着中国企业国际化程度的提高，以及在海外市场的多年积累，中国企业国际化采购的比例也在逐渐升高，有些项目在国外采购的比例甚至达到了90%以上，铁路项目也不例外。如果对海外铁路物资设备(含装备，下同)采购及管理中的风险没有足够的认识，或者不懂得风险管控方法，则可能导致不能按照合同要求按时、保质、保量地将项目所需物资设备运输至项目所在地，当出现质量问题时不能及时维修或更换等等。

物资设备管理要紧跟海外工程项目施工需要，提高思想意识，落实责任，提升管理人员专业素质，规范国内国外采购程序，国内国外“并重并举”，落实好物资设备从计划、采购、运输、库存、使用等各个环节的管理工作，并结合海外项目施工过程中不断出现的新问题，认真分析，正确应对，在保证工期和质量的前提下，开源节流，实现项目经济利益的最大化。

本章对海外铁路铺架项目物资设备管理的经验进行总结，以期对类似工程有借鉴意义。

第一节　物资设备管理中容易出现的问题

物资设备种类繁多、规格型号复杂，管理难度大；海外项目物资设备管理则更加复杂、管理的难度也更大，也容易出现这样那样的问题。下面对容易出现的各种问题进行阐述。

1. 项目领导重视施工进度、质量管理，轻视物装管理

不管国内还是海外，物资设备管理工作永远是项目顺利实施的关键一环，但项目领导思想意识薄弱，多口头，少实际。主要体现在项目策划时，物资保管基础设施差，人员配备数量少或配置不合理。存在着“物资只是花钱”的误区，造成管理意识淡薄。受国内相关工程项目的影响，项目领导不重视设备管理工作，更容易造成设备管理效率低下。

主要项目领导的思想误区主要有以下几种情况：(1)设备管理人员太多；(2)司机操作人员一要会操作二要会维修；(3)设备维修人员不维修时，去干别的力所能及的工作，闲着不行，这种情况致使维修人员不能随时了解设备状况，使其积极性不高，设备问题也难以消灭在萌芽状态；(4)专业维修人员的工资报酬太高，工作单一，性价比不高，不予配备专业人员。

在国内，一般来说，只要联系了厂家售后，服务人员很快就可到场进行维修，在保质期内则可免费维修。而在国外，因远离售后服务地域范围，需要靠自己的服务管理团队来确保设备的完好率和利用率，避免工期延误，提高经济效益。因此，在海外铺架项目中，设备管理必须首先得到领导的重视，杜绝设备要靠厂家质量保证期和厂家质量保证的思想，配齐配足管

理人员和专业维修保养人员。

2. 计划性不强，计划不准，造成采购过于超前或滞后需加急采购，现场缺料现象时有发生

物资计划一直很重要，工程技术部门要根据施工进度进行分析计算。物资计划过程中，容易出现以下问题：(1)有时多次提报，有时提报不及时；(2)在项目实施过程中，计划的准确性、及时性、预测性偏差太大；(3)根据图纸只提供设计数量，不考虑正常及二次搬运过程中的损耗；没有图纸时则不提供物资数量；(4)受实际施工中各种条件的限制，设计中的物资数量和实际施工过程中发生的物资数量存在过大偏差。

造成上述问题的原因，一则是工程技术人员忙于日常管理，忽略了物资计划提报工作；二则是因为技术人员经验不够丰富，预测性的数量更是无法准确提供；三则是因为物资和经济挂钩，多提会产生损耗，技术人员不愿意担责。

3. 采购周期长，采购管理难度大，采购成本高

对于国内采购的物资设备，采购流程主要从编制计划、国内招标选择供应商、签合同付款组织生产、装箱集港、报关、发运、清关、当地运输、仓储等，这个程序比较复杂，耗时较长。如现场出现损坏、丢失、规格不符，因不能及时补发到达现场，从而影响项目施工计划和工期；即使能空运的物资，也因运费高昂而大大增加项目成本。

以梁场和轨枕场为例，在国内项目采购，对非大宗物资且是项目急需的物资设备，采购非常简单容易，且选择性大，制约条件少，付款容易，流程简单，供应灵活度高。而在国外，其多数物资设备从国内自购，空间距离决定了采购管理的难度加大。

除此以外，采购成本高。有时可能只需要采购一个很便宜的部件，也必须要专人办理，造成人力资源的浪费，提高了人力成本。或是供应商设置了一个采购下限，哪怕是一个很小的配件，也必须采购其总成，从而大大增加了采购成本。

4. 资金周转率低

当物资、设备从国内采购时，从国内采购、发运到项目现场验收合格并付款，周期长，国内需要垫付资金，给资金周转带来一定的压力，有时，供应商因迟迟未收到货款而拒绝再继续发货，即使再重新采购，也会影响到施工进度。

5. 国内国外物资保障的沟通与协调不足

在国内，物资设备采购供应有时只需要电话即可，而在国外则不行，如果国内国外的协调不畅通，采购供应时间可能长达一两个月，甚至更长时间也办不成。因此，在国外采购物资，需要多想方法、多找渠道；另外，及时发运也尤为重要。

6. 设备选型策划存在问题

在铺架工程项目中，设备占了约 80％的比重，如果所选设备不适用，必然会造成设备损耗加剧，导致维修量大、使用效率不高。因此，应把好设备选型决策关，重大设备的采购决策应慎之又慎，做好多维度、全方位的分析比选方可做出采购决策。

7. 专业人员配置不足，现场人员水平参差不齐。

在国内,除大型机械外,项目上基本不购置施工设备,租赁设备即可,租赁的设备由租赁公司自行管理;对于少数大型专业设备,才配置设备管理人员。

而在国外,施工设备往往需要采购,其管理、维护则需要相应的专业人员。对于企业来说,目前国内铁路项目点多面广,使得设备管理人员数量已经严重不足。为减少人员费用支出,企业往往会减少派往海外项目现场的设备管理人员数量,部分设备管理岗位由非专业人员兼任,特别是设备管理人员。显然,缺少管理人员、未配置专业人员的现实后果是造成设备缺乏维护管理而效率低下,甚至影响工期。

另外,公司设备管理人员缺乏,专业管理不足,经验不足,处理应急问题的能力和方式受到很大限制,加之海外项目对设备管理人员的语言要求高,使得海外铺架项目上缺乏精通外语的设备管理人员的形势十分严峻。

8. 设备维护、保养不够专业化,保养不到位

由于海外铺架项目远离国内,机械设备基本全是从国内采购,若维修人员配备不足,配件供应周期长,一旦出现设备故障,因检修手段落后、缺少配件,往往造成现场人员束手无策,此时,只有坐等厂家派人维修、供给配件,从而影响工程施工进展,造成窝工,给项目带来较大的经济损失。

另外,在施工过程中,日常检查和维修保养一般是由一名中国工人带着当地雇员进行日常维护保养,由于设备种类多,受维修人员及水平的限制,日常维护工作大多交于当地雇员来完成,可能存在保养不专业、不到位的情况。

9. 配件计划不准确,配件需求预测难

设备配件是机械完好率和利用率的保证,梁场、枕场和大型铺架设备种类多,受当地维修人员技术水平的制约,对机械故障原因的分析难,对配件需求时间和需求数量的预测难,机械设备维修配件的需求、储备难度非常大,机械设备故障错综复杂,造成配件的预测、储备困难。另外,厂家的建议和现场需求往往也存在较大差距。如何解决配件成本与保证设备完好之间的关系,成为设备成本管理的一大难题。

10. 清关单据提供不及时,清关单据不规范,影响现场清关进度

如果清关单据提供不及时、不准确等,势必影响施工设备的进场,从而可能造成工期的延误。究其原因,是管理人员缺少海外工作经验,海外工作之初不熟悉清关业务流程与方法。另外还有货代欠款多提单拿不出来等原因。因此,项目部的物资设备管理人员应与企业的国内保障部门及时沟通,项目部设专人负责清关,加强业务学习,及时与上级指挥部的清关部门进行沟通,按清关部门的要求制作清关单据,清算货代欠款。

第二节　物资设备管理的前期准备工作

一、学习了解

从投标之前就应充分了解铁路属地国当地的人文及社会环境,宗教信仰等,学习和熟悉

当地的法律法规，了解当地的法律法规及合同中涉及的物资设备的内容，有强制性条款的一定要吃透，研究彻底，避免造成管理工作被动和麻烦。

二、调　研

积极深入掌握铁路属地国当地物资设备的市场情况。以自身项目所需要的物资和设备情况对项目国家的物资和设备情况进行认真的调研，了解物资的种类、市场保有量是否能够满足项目需求，了解当地是否有与项目采购设备配套的配件等。

三、制定管理制度

管理制度是项目管理的纲领和标准，是管理的手段和依据，要把制度和标准落实到日常工作中去，以制度去管理物资设备，管理人员按制度去执行即可。所以，管理的第一步就是要制定专业的管理制度和标准，制定管理制度时，应以上级物资设备相关的管理制度、办法为依据，同时须结合项目部的实际情况，从简单、实用、有效的角度充分考虑各项管理措施的实际可操作性和易操作性。

制度要合理，要有执行标准，要符合项目管理实际，要具有可操作性，简单易行，避免华丽辞藻、口号，不切实际、经过努力也做不到的不要写进去，写进去的一定要做到。要有记录表格，能通过各种管理记录把管理的过程体现出来，便于监督管理。

制定的管理制度经项目讨论并批准后生效执行。

四、确定关键岗位人员素质要求

配备专业的管理人员，即“专业的人干正确的事”。人要有专业素质，会物资设备管理。配置的设备管理人员必须是专业的，具备一定的设备基础知识和业务经验，在一定的领域具备相关的专业知识，只有专业，才能干专业的事，干正确的事。

五、确定国内国外的物资保障制度

海外工程项目，特别是采用中国标准的施工项目，大量的设备和物资需要从国内进口，国内需要确定保障部门，对国内采购的物资和设备及发运等相关工作进行统一的安排和组织，确保海外工程施工顺利进行。

这项工作的质量高低直接影响着项目下阶段能否顺利的开工。在日常工作中，容易受时间紧、人员不到位等因素的影响而导致工作不扎实，也必然影响后面的施工安排。

六、做好计划管理工作

对于当地采购的物资，需要充分了解其供应能力。如果需要依托国内市场，从国内进口则需要考虑时间问题；若再遇到施工图纸不全，甚至是“三边工程”，施工过程中随时会有变化，这就给物资计划带来极大的挑战；加之海运时间较长，如何协调材料供应和现场正常施工需要成了物资部门的最大难题，这就决定了物资计划的重要性。

为此，需要定期召集各个材料使用部门讨论物资需求情况及未来三个月甚至更远时间的需求，以现场为重，未雨绸缪，最大限度的满足现场需要，避免发生停工待料情况。

七、做好设备选型工作

项目之初，要组织工程技术人员、现场主要使用人员、设备人员进行设备论证，提出详细的技术参数或要具体达到的使用效果和目标，并考虑配件的通用性与市场的占有率。应统筹考虑海外兄弟单位的设备配置、设备使用地气候温度、海拔高度、空气质量、发动机的适应度等因素综合论证，确保采购的设备适应当地的自然环境，以避免因水土不服而导致设备故障频繁。

第三节　物资设备采购管理

在设备采购过程中，应根据施工组织计划安排及实际需求，合理编制固定资产购置计划。购置计划要综合考虑设备的可靠性、生产性、节能性、维修性、环保性、耐用性、成套性、功能性，各项性能要和增创效益相结合。施工单位可根据市场情况分当地、第三国或者属地国内采购，采购过程中需做好税务及采购合规工作。本节介绍肯尼亚蒙内、内马铁路物资设备采购管理经验，希望对类似的海外铁路 EPC 项目物资采购工作有所裨益。

一、转口甲供控物资管理

1. 甲供控物资的范围

对有统一工程形象、售后服务、运营维保要求的物资，本着提高效率和降低成本的原则，结合建设物资规模、技术需求、属地国当地资源等因素，经总经理部（代表总承包单位，也代表业主）和各施工单位研究同意，将建设物资分为总承包单位采购物资、总承包单位监控物资和施工单位自购物资三类（简称甲供、甲控和自购物资），并纳入施工单位施工合同。甲供甲控物资目录将作为管理细则单独下发。

甲供物资由总经理部负责采购并发运至施工单位仓库，总经理部承担货物交接前所有成本，施工单位负责甲供物资的现场管理，使用量超出设计量的部分由施工单位承担。

甲控物资分当地甲控物资、国内进口甲控物资和第三国进口甲控物资。当地甲控物资由总经理部搭建招标平台进行当地采购，各施工单位分签采购合同，货款由总经理部统一支付。国内进口甲控物资由跨国公司或施工单位在国内招标采购并由跨国公司签署采购合同、支付货款，相应成本转账至总经理部后向各施工单位列支。第三国进口甲控物资由总经理部集中采购，成本向各施工单位列支。

甲供物资由跨国公司办理出口退税，退税款归跨国公司所有。其余货物亦由跨国公司办理出口退税，退税款的 90％归各施工单位所有，10％属于管理费，归跨国公司所有。

2. 甲供控物资计划

考虑到海外大型工程项目物资采购供应周期较长，转口物资的计划管理是项目物资供应工作的中心，所有物资供应工作都应围绕计划开展。大部分物资按照半年至一年期限确定采购计划，供应过程通过增补计划和标段间调剂进行细微调整。

施工单位根据设计图纸及施工组织进度制定采购需求计划。对于国内进口物资，制定年度采购需求计划，按年度进行采购。对于第三国进口物资，如粉煤灰、沥青等，制定季度采购需求计划，按季度进行采购。

对于因为设计变更引起的物资采购失调，可以采用标段调剂和紧急采购等方式解决。对于没有规格也可以提前确定价格的物资，如道岔、预埋件等，建议提前按照数量招标，确定规格后发货。

3. 转口物资的采购跟进

转口物资供应工作核心在于供应过程的跟进。物资采购计划提报国内物装部申请采购后，项目配合收集提供相关技术资料要求，跟进采购发运过程。对急需物资和单一来源物资，需要向公司申请招标豁免。对每一单计划单独编号，制作采购计划台账，并跟踪每个计划的采购招标、生产、集港装船、预计到达工地的时间。同时与施工单位核对到货时间，对进度滞后、影响生产的物资，作为重点物资与国内沟通催促。

4. 质量源头把控和过程跟进

海外工程进口物资质量控制环节主要在于把控国内源头，因为一旦发货到场后发现质量问题，在时间、运输成本和社会影响上，会对项目和中国产品形象造成不可弥补的损失。

(1)必须对转口物资的采供全过程实施质量控制，包括源头把关、过程控制、入场验收和现场管理过程。对于源头把关环节，在提出采购计划的同时，项目要提供详细的物资技术规格、执行技术标准、包装运输存储条件、试验要求、验收规范、现场服务等技术条件，以便对采购给予指导。

采购过程应将物资技术、质量要求纳入采购合同条款，督促供应单位加强原材料采购、生产制造、检验检测、运输和售后服务等关键环节的质量管理。参照中铁产品认证 CRCC 体系，对纳入 CRCC 认证范围的物资，必须选择能够提供有效认证的生产厂家。

对中国铁路总公司批准进行监造的物资，授权代理单位对甲供、甲控物资(如钢轨、道岔、扣配件、防水材料等产品)实施驻场监造，监造单位负责制定监造方案并对出厂产品出具监造报告。监造单位工作失误给项目造成损失的，按照合同约定承担货物质量问题造成的连带经济责任。

(2)对于发运前具备抽检试验条件的产品，在物资生产完毕出厂前，由公司物装部对物资实施现场抽样，经第三方权威检测机构检验合格后方可集港。第三国物资发运前，需要由供应商进行自检并提供国际权威试验机构出具的合格试验报告。

(3)货物到场后，施工单位要严格执行物资接收查验管理规定，落实接收查验责任，按照采购合同及相关规定对交付的物资进行查验，确认达到合同要求，未经查验或查验不合格的物资不得投入使用。要求各级物资部门建立物资质量问题档案，将合同履行过程中或物资使用过程中出现的质量问题记录在案，保证物资质量问题可追溯，并与公司和项目供应商信用评价体系挂钩。属于重大物资质量问题、造成经济损失的，应及时向主管部门通报，同时按照合同追究供方经济责任。

(4)加强现场物资管理检查，要求各单位根据物资性质和存储规范进行物资的存储管理，坚持物资先进先出原则，减少因管理和环境原因对物资质量的影响。

5. 甲供物资使用和结算管理

(1)项目甲供物资施工过程中，对于道岔、钢轨等出现的质量异议，可以与代理商和厂方进行沟通，妥善解决。

(2)物装部与计合部、财务部应对甲供物资进行定期盘点抽查，对甲供物资的消耗情况进行过程监督，要求铺架施工单位对甲供物资用量进行消耗分析，提高甲供物资的管理水平。

(3)项目所有铺架工程和联调联试工作结束后，物装部与设计、计合部门必须及时确认钢轨和其他轨料设计使用总量，通过最终盘点和消耗确认，将剩余物资调转其他铁路工程项目。充分调配用过的轨料到临建和护轨施工，可以有效地节省甲供物资成本，为甲供物资供应工作圆满收尾。

6. 开发当地资源

开发第三国或属地国资源，可提高供给质量和效率，间接节省清关与运输的成本。以蒙内项目为例，项目共进口印度粉煤灰约 18 万 t，与国产粉煤灰相比每吨节省成本约 100 美元，共节省成本约 1 800 万美元，显著提高了供应效率。

二、当地采购管理

部分物资可以在属地国当地进行采购，当地采购可以改善当地建设环境，制造良好的社会舆论，同时减少采购资金占压和提高采购效率。但是进行当地采购，项目部必须要有良好的当地协调能力，能够处理好税务、业务沟通和法律纠纷风险。

项目当地采购的核心在于沟通管理，通过搭建本地物资采购平台，与当地的生产和供应商进行业务合作，促进了当地企业的发展，提高了当地元素采购份额。同时，通过统一谈判、统一议价的方式可以取得最合适的价格，也可以获得最好的售后服务和质量保证。

1. 当地采购平台

由总经理部牵头搭建当地甲控物资采购平台，组织各参建单位实施水泥、油料、炸药、钢筋、交通车辆等主要物资设备的当地集中采购。在站后施工期间，为满足紧急需求提高采购效率，对站房家具家电、运营工器具等可以组织多次当地采购，保证项目如期运营。

具体方式可以通过平台招标或比价采购，同时选择两家供应商，一家供应为主，另一家以备用。各施工单位集中与总经理部一起统一跟各供应商进行合同谈判，然后以总经理部提供的合同范本为参考，分别与各供应商签订供货合同，总经理部作为见证方共同签署，签订后报送一份合同副本给总经理部物装部备案。

2. 当地采购供应和沟通管理

(1)考虑到当地水泥市场的实际供应情况,水泥采购可同时采用散装和 50 kg 袋装。各施工单位除建立相应的散装水泥筒仓外,还须建立一定仓储量的袋装水泥仓库。各施工单位在建设施工营地中,必须规划好袋装水泥仓库的位置、存储大小。日常水泥仓储量(散装与袋装)建议为保证 7 天的使用量,以免出现供应不及时的情况。

以蒙内铁路和内马铁路项目为例,针对肯尼亚当地运量不足、生产线不足的现状,水泥厂进行沟通,促进其提高运力以保障项目需求,同时安排专人负责供应紧急事务处理,满足了项目高峰期每天 3 000 t 水泥运输需求,取得当地水泥供应的历史性突破。

(2)物装部可以通过与中心试验室和当地生产厂沟通,经过考察和第三方检测,帮助当地生产厂生产符合中国标准的钢筋产品,提高采购效率,节省采购人力和成本,降低资金占用。

(3)柴油采购方面,可以与几大石油代理商谈判,在属地国石油价格基础上确定供应价格,定期调整油价,且由各厂家提供油罐。

各施工单位管理方面,在施工单位营地征地完成、修建好围栏后,要求统筹规划好油库的存储容量,考虑使用 7 d 左右的库存量,以免出现市场燃油短缺的情况。油罐及配套设备可自行购买修建,也可由燃油供应商提供并安装(作为燃油合同的附属合同,由供应商免费提供油罐、加油枪及计量装置,并安装调试,但油料供应具有排他性)。为保障燃油的供应,降低供应风险,增加油料供应的灵活性,要求各施工单位同时采用两种方案,即每个营地至少自备一个油罐和设备,其他由供应商提供和安装,建议每个营地签约至少两家供应商。油库必须按消防要求远离办公居住区,并做好防火防盗措施。遮阳棚及排水等设施参照相关要求进行统一设计建造。

3. 火工用品管理

炸药管理必须坚持“预防为主”的原则,项目在生产过程中所使用的爆炸物材料,从采购到最终使用环节都要进行监管控制,预防因发生意外造成的人员伤害及其他连带财产损失。

为保证炸药业务顺利审批和获取,项目可要求各单位参考矿物部意见,雇佣当地有资质的炮工和当地人进行押运。

4. VAT 免税管理

免税工作涉及与当地政府沟通、物资计划和与供应商沟通三个方面。

属地国政府在铁路实施期间可能会调整 VAT 免税政策,对项目免税实施造成极大困难。为保证项目能够最大限度地享受免税政策,实现低成本采购、减少资金占用、加速资金周转、降低工程成本、提高项目经济效益之目的,物装部必须本着“利益共享、风险共担”的方针,努力协调免税函申请和办理工作。

(1)免税范围

免税针对的是当地供应商,即在属地国当地登记注册的,依法向属地国税务部门交税并向铁路工程项目提供物资供应或服务供应的公司。当地采购指从当地供应商采购的物资或设备等实物和服务，服务包括分包施工服务、租赁服务、代理服务、咨询服务、安保服务等一切非实物交易的商业活动。

非免税采购包括燃油、润滑油、生活物资和设备、办公物资和设备等属地国 VAT 税法规定的物资。

(2)免税工作模式和内容

所有当地实物形式的供应(物资类)和非实物形式的供应(服务类)都可进行 VAT 豁免申请，但 VAT 豁免都必须遵循属地国 VAT 税法。

总经理部物装部负责整个项目当地采购的免税管理工作，包括向各单位宣贯铁路工程项目的免税政策和属地国 VAT 税法；向各单位编制及下发办理当地采购 VAT 免税实施操作流程；按照各单位要求，负责办理和申请所有当地采购 VAT 免税的证书；负责督促各部门及各施工单位按要求及时提供完整的 VAT 免税申请资料。

(3)免税额度的考核

VAT 减免政策管理不当，会造成免税额滥用和当地税务稽查风险，给后续进口免税带来麻烦。为合理和充分使用免税额度，应对各单位免税申请进行考核。

必须要求各施工单位对已申报的 VAT 免税及执行情况建立台账，并每月报总经理部物装部汇总。总经理部物装部不定时检查当地供应商申请 VAT 免税的情况及该供应商免税后采购实施的执行情况，对考核优秀的单位进行绿牌奖励；对给某供应商申请了 VAT 免税，但无实际采购发生或者实际发生采购的比率过低的情况，将对该单位进行黄牌警告，并将此考核成绩纳入季度综合考评。

(4)当地供应商管理

为规范建设当地材料和租赁供应商(以下简称当地供应商，当地供应商是指在属地国当地注册的公司并向项目提供物资供应或提供设备租赁服务的公司)的管理工作，必须加强当地供应商的监管，制定当地供应商管理办法，并促进属地化及当地元素落实，维护项目经济利益和社会形象，确保铁路工程项目建设顺利实施。

所有供应商必须先按总经理部合规要求进行尽职调查，然后履行审查审批手续，核实资质、资信、履约能力等相关信息。供应商资源库应实行动态管理，积极吸收有实力、讲诚信的相关单位成为合格供应商，同时将不讲诚信、履约能力差的供应商及时清理出合格供应商资源库，实现有进有出。

通过对供应商准入、供应服务、质量控制等方面进行考核控制，可以有效地提高供应管理水平，规避项目法律和税务风险。

第四节　清关运输管理

统一清关管理的核心是对内紧抓清关计划，对外注意与港务局、货代、堆场、运输商的多方沟通协调。

一、清关准备

清关准备包括申请免税、报关、货物到港前的单据收集和整理、确定对物资的清关思路和现场物资清关的特定程序。通过现场清关手续的流程化，最大限度地减少清关时间和节约了清关成本。

1. 申请免税

项目合同签订后，根据工程量清单估算出项目所需的设备和材料用量，并向当地政府申请免税指标(免税总清单 masterlist)并得到批复，在工程许可的范围内尽量多申请。

2. 正式报关

免税函申请下来后，应立即申请正式保函，并根据国内提供的清关单据正式报关。

3. 单据整理

保函出具，正式报关后，根据电子版提单和发票，确定货物明细和到港日期，检查单据是否包含所需报关信息，如单据不全，应补充单据信息，以免延误报关登记好物资相关信息，如物资描述、到港日期、清关代理等。

4. 确定清关思路和现场物资清关的特定程序

进口物资属于常规的集装箱物资，则按照正常情况下指定到合作堆场；对于大宗散货物资或者超长超重设备，根据货物不同类型和各方协调好堆场、卸货、存放相关事宜，保证货物保质保量进入现场。

对于钢轨、机车车辆、大型设备等特殊物资，需要确定是否为超长超重设备，对港务局整体卸货环境和能力进行考虑之后，选择最优的卸货和清关方案，提前准备人员和设施工具，按照接运方案实施和接运工作。

进口物资属于大宗的集装箱物资，为了避免产生不必要的集装箱滞纳金，则需要提前和堆场确定集装箱倒运到堆场的时间，给运输留下足够的发运时间。

二、现场清关

货物到港后，对于常规物资，及时追踪堆场指定情况，确保每批物资都能指定到合作堆场，以减少清关费用的支出；对于大宗物资，船到港之后，实行早中晚三班跟进船靠港情况，以确保货船能够停靠在指定泊位，并跟进卸货工作，以避免卸货遗漏和保证最低限度损坏。

跟踪报关情况，报关完成后缴纳报关费(免税物资)或者关税(非免税物资)，同时办理免税手续。免税手续和海关的费用缴纳完毕之后，跟踪海关审单情况。海关审单通过之后，准备好海关文件，如报关单、箱单、发票、提单、堆场放行单等，申请海关验货。海关部、商检部、食品安全部、食品检疫部放行之后，安排车辆运输。

三、运输管理

运输管理的核心是提前安排组织车辆和卸货还箱，降低滞箱成本。

在运输商的选择上，对项目当地各个运输公司进行前期考察、走访、调研，了解其公司规模、车型车数、管理水平、运费报价等，根据运输商的规模和运输能力，安排组织发运车辆。路用钢轨、机车车辆需要特殊转运。

1. 路用钢轨

通过对当地铁路运输与公路运输的进行详尽地实地考察，认真研究两种方案的可行性与成本，与当地运输商谈判比选，开拓一批适用于超长、超宽、超重件的运输车队，有效解决项目钢轨、机车、铺轨机、架桥机的属地国境内运输问题，保障项目物资设备及时供应。

2. 机车车辆

为提高运营机车车辆接运效率，保证机车车辆安全，项目可以在港口设置机车车辆接运临时线，实现安全接运机车车辆，节省陆路运输成本。

四、撤销保函

最后申请撤销正式保函，正式保函撤销后，海关会出具撤销保函的回执，并归还保函原件。对于材料来说，待其消耗完毕后就可申请撤销正式保函；对于设备来说，应找海关评估并根据海关评估后的余值来完税。为尽可能少缴税，设备往往经历了好几个项目之后才完税，另外设备也可以出口至第三国，设备完税或在出口后才能撤销相应的保函。

第五节 物资设备的现场管理

一、物资的现场管理

1. 物资的接收和验收

物资经清关运至现场后，仓管人员要及时组织卸货。卸货完毕，会同试验室和监理，根据采购合同和清关单据对物资进行验收(单据验收、数量验收、质量验收)，并做好台账。

对发现问题的，要及时上报进行处理。

2. 物资的仓储

根据项目的施工组织设计和物资需求计划，确定、设立足够的仓储设施。现场库存物资应根据现场场地和物资性能正确选择存放场所，所有物资须按品种、型号、规格分类存放，摆放整齐，做到摆放整齐有序，成行成列。

仓管人员掌握仓储物资的库存情况，及时上报，便于确定物资采购和补库。

3. 物资的发放和使用

执行材料申请和限额领料制度，按照设计需求量对作业队的需求计划进行审批。建立发放台账，严控成本，绝不超额发放。

4. 物资的核算管理

建立以物资盘点为基础的物资核算分析体系，按月开展材料核算工作，出具主要材料节超分析报告，与计划合同部门共同对项目成本进行预测分析，分析盈亏，查找原因，提出对策，落实成本管理责任。

二、设备的现场管理

1. 设备进场准备

设备进场前应做好设备进场前的准备工作，包括场地、人员、辅助设备。特殊设备，如机车车辆、大型龙门吊等，应根据清关运输组转运站清关人员的要求，由项目部派人到港口，协助清关并配合固定资产的境内运输工作。

2. 设备到场后的验收

设备到场后，应做好设备的进场验收工作。一是对技术状况的验收，主要指设备的整体技术状况：质量是否完好，随机资料、配件及附件是否齐全，外部有无损坏等。二是原始数据的验收。根据到场单据，核对设备的原始数据（规格型号，发动机型号、发动机号、发动机功率、底盘号、出厂年月等），填写验收单和台账。

3. 设备的现场使用

当铁路属地国当地地工业水平不高时，需要采用国产或其他国家的进口设备，管理难度大大增加。总的来说，海外铁路铺架项目的设备现场管理有五个环节，即"管、用、养、修、供"。

(1)培训

在设备进场交接验收时，要厂家售后服务人员对设备管理人员、司操人员、维修保养人员进行交机培训，各方要签字确认，适当时候可进行试卷考核，特别是对司操人员和维修保养人员的培训结果要有书面记录，并进行培训结果考试。

在设备使用过程中，管理人员要对设备使用过程中可能出现的操作、安全问题进行讲解，有针对性地对司操人员的不当操作和设备维修保养人员不当养修进行纠正，并加强标准化作业的培训工作。

(2)设备的正确使用

应选择合格熟练的司操人员。项目部物装部指导司操人员按操作规程进行使用，并加强对司操人员的检查和使用考核。

(3)设备的维修保养

设备的维修保养是贯穿设备管理中的一项日常重要工作，在设备维修保养过程中，应有维修和保养计划。应设立机修班，根据设备种类配备专业的维修保养人员。俗话说，设备修得快，不如设备不坏。更要着力于设备的日常保养。科学的保养是不解体维修。按照肯尼亚蒙内铁路项目设备管理经验，机械设备故障占设备故障的10%，保养不良占10%；超负荷运转占5%；设备的FOWA管理不良占70%；其他占5%。

根据日常管理中的经验，设备故障的70%来自FOWA管理不良，只要管理好FOWA，可大大减少机械故障。什么是FOWA管理？F为Fuel，即柴油；O为Oil，即机油；W为

Water,即冷却水;A 为 Air,即空气。

①柴油管理,即关注柴油的质量,不可进水;柴油的质量好坏,影响到发动机的燃烧及各种管路的通畅,直接影响到发动机的使用寿命。

②机油管理,机油是个代称,含各种机油,润滑油、齿轮油等,日常保养中,经常检查各种机油、润滑油的多寡,加强润滑系统的润滑油的加注,确保发动机不拉缸,各润滑系统、传动系统的正常运转。

③冷却水管理,温度,是日常工作中必须控制的一个主要因素,冷却水的管理不可或缺。

④空气管理,即是空气滤清器的管理,一机双滤,定时清洗,保证设备空气的正常进出;空滤的更换周期应合理,应在更换周期内对清洗。

要加强设备管理人员,维修保养人员的 FOWA 管理意识,提高认识,切实落实,保障设备的完好率,从而保障施工进度

(4)设备配件的供应

①建设配件专用仓库。将设备的配件与施工、生产物资独立出来,由专人负责,专人跟踪,分类管理。配件要全部上架管理,清关到场后,所有的配件均要根据设备种类存放于货架上,并明确标识。

②建立配件出入库台账管理制度。对配件的入库和出库进行跟踪,及时里了解配件的库存情况,以配件的库存和配件的更换率为依据及时更新仓库的配件种类和数量。

③配件资源信息共享。通过各种渠道收集国内、当地、其他市场各类与工程施工相关的设备信息资源,并做好信息台账,尤其是对当地的配件资源信息及时更新。

4. 设备的租用管理

设备租入应本着先内后外的原则,要充分利用全项目的现有设备,对于项目整体无法协调的临时性缺口才考虑从市场上租赁。为协调项目内部租赁设备纠纷,项目应明确租用双方对机械设备的财产安全、机械事故责任、机械设备进退场费用的承担、计量方式、结算方式、违约责任等内容。项目内设备租赁价格本着公平、公正、公开的原则,制定内部参考价格。

5. 设备退场和调拨管理

设备退场和调拨管理需要充分考虑当地的税务政策、属地国当地后续项目需求。

第八章　党组织在铺架项目中的先锋模范作用

本章首先论述海外铁路铺架项目部党组织建设方法与关键举措；在此基础上，阐述了党的先进理论在项目管理中的具体实践；最后介绍党组织在铁路属地国的社会责任和工作实践，以期为类似海外工程项目提供借鉴。

第一节　海外铺架项目中的党组织建设

基层党组织全面贯彻党的十九大和全国国有企业党的建设工作会议精神，重点抓好党建工作责任制的落实、党建制度体系的健全完善、基层党组织和党员队伍建设，充分发挥党组织领导核心和政治核心作用，把方向、管大局、保落实，着力发挥党组织的“凝聚群众的核心、教育党员的学校、攻坚克难的堡垒”的作用，将为建设具有核心竞争力的专业化公司提供坚实保证。下面以肯尼亚内马铁路六标党支部（以下简称党支部）为例介绍海外铺架项目中党组织建设的方法和举措。

1. 完善党建工作制度体系

结合肯尼亚内马铁路六标铺架项目部实际情况，建立完整的管理体系，形成完善的党建工作制度体系，为各项党建工作开展提供保障。

2. 加强党员学习教育管理

积极响应活动号召，积极开展党日活动，严格落实“三会一课”制度，推进“两学一做”学习教育活动常态化和制度化，全年开展党组织中心组学习、“两学一做”学习教育、党课教育，按期召开党员大会、支部委员会以及组织生活会，并放映爱国主义教育电影，让项目部人员远在海外也可以时常感受到祖国的关爱。

立足实际，结合肯尼亚海外项目特点，重点抓好全面加强党的领导、坚定不移全面从严治党等工作，把十九大精神体现到做好海外项目工作中来，全面认清项目建设的最终目标，牢牢把握工作主动权，依托强大的祖国后盾，形成合力，推动海外项目持续健康发展。

要求项目部部门副职以上党员干部带头学习十九大报告，发挥各级领导干部“关键少数”的示范引领作用，原原本本学、主动带头学、静下心来学、融会贯通学，实现学习宣贯“入脑入心”，主动做党十九大精神的宣讲者和实践者。

3. 坚持“四个同步、四个对接”

落实党的建设和国有企业改革同步谋划，党的组织及工作机构同步设置，在队伍建设中实现党组织负责人及党务工作人员同步配备，在日常工作中党建工作同步开展。实现了体制对接、机制对接、制度对接和工作对接。

4. 积极开展“三级联创”及“中交蓝·党旗红”等党建主题活动。

党支部成立“三级联创”活动领导小组，同时积极动员部署，制定创建方案，完善各项推进措施。

(1)落实党建工作责任制。认真执行“大党建”精神，层层落实党建工作责任制。把党的建设纳入项目部整体工作部署中，通过中心组学习等形式专题研究党建工作，并抓好研究谋划、部署推动、督促落实。

(2)强化领导班子建设。坚持集体领导、分工负责，健全议事规则和决策程序，认真贯彻民主集中制原则，坚持“三重一大”事项集体决策、民主决策、科学决策。

(3)基层组织“亮旗帜”。以“中交蓝·党旗红”为主题，积极开展各项党建活动。

在党支部领导下，项目部做好公益活动。例如，项目部为当地居民援建一所小学，包括建设教室，制作课桌椅等，让当地的孩子有书读。项目部所在地区缺乏饮用水，项目部为附近村庄居民义务提供饮用水，为当地居民送去了安全和健康。另外，在节日里还为他们捐助牛奶和面包。

(4)广大党员“亮身份”。积极开展党员责任区活动，以党员所在部门及分工确定责任区，党员负责责任区内群众的思想政治工作，不断提高思想素质和业务技能；开展谈心活动，了解职工群众思想动态及工作情况，帮助解决困难，充分发挥党员的先锋模范作用。

(5)干部职工“强素质”。建强党员队伍，建好职工队伍，建优党务干部队伍。抓好党员教育日常化、经常化，引导广大党员争做“四讲四有”党员。

5. 重视宣传报道，树立良好形象。

规范统一视觉形象，营造浓厚企业文化氛围。严格执行中国交建视觉识别系统规范，在项目部所在的 Suswa 镇通往项目部的路上设置明确醒目的导向牌，统一制作项目部办公区、生活区、作业区的标识标牌。

在项目部驻地醒目位置设立宣传栏，包括党风廉政建设宣传牌，优秀党务、团委工作者及优秀青年表扬牌，公共安全快讯宣传牌等一系列宣传栏。大力宣扬企业理念及精神，营造浓厚企业文化氛围。

为提高项目宣传报道工作水平，项目部下发红头文件，明确宣传内容、稿件数量及奖罚标准，进行新闻亮点梳理，积极向局报报送稿件。

6. 加强工会及团委工作开展。

积极开展“模范职工之家建设”，丰富工作载体，加强职工教育培训，积极开展劳动竞赛、技能比武及多种文体活动，组织员工体检，增强职工的归属感和凝聚力，提高创造力和战斗力，聚集和谐、团结的正能量，形成积极向上的组织氛围。

7. 重视公共安全管理，保护职工生命财产安全。

项目部设立独立的公共安全部，负责营地安保和外出人员的保卫工作。每天发送公共安全讯息，按期进行疏散演练活动，时常召开公共安全讲座。在提高职工公共安全意识的同时，为职工们提供坚实的安全保护。

第二节　党的先进理论在铺架项目管理中的实践

一、大力发展科技创新

项目部党组织应紧紧围绕“科技引领未来，创新铸就辉煌”的主体，以工程项目依托，深化科技驱动发展理念，提升工作效率，降低生产成本，加强成品保护，为施工进度控制和成本管理奠定坚实的基础。

以肯尼亚蒙内铁路六标段项目部为例，项目部在紧张的工作之余，仍紧抓科技创新不放，取得了一系列科技成果。积极做好铺架工程施工技术创新工作，共申请专利 14 项，实用新型和发明专利各 7 项，所有专利均在铺架工程中有所应用，并取得了较好的效果。对铺架工程技术、铺架施工管理方面取得的经验进行总结，发表论文 30 余篇；深入开展工艺工法研究，取得两项工法；对同行进行类似工程具有较强的借鉴意义。以肯尼亚新建蒙内铁路铺架工程为背景，综合肯尼亚当地社会环境、自然环境的实际情况，以施工组织为主，以工艺技术为辅，以降低施工风险（安全风险、经济风险和社会风险）为目标，研究海外铁路铺架工程施工风险的避险综合成套技术，出版著作一部，为海外铺架项目的提供了科学的管理方法。另外，还积极做好技术革新工作，下面例举三项。

1. 混凝土浇筑料斗改进

在使用模板厂商配套料斗时，该料斗闸门往往需要两三个人合力下扳，即便如此仍然很难闭合到位，以致混凝土有所漏失，容易造成地面和模板污染。针对这一弊病，项目部经过反复试验和加工，将原料斗的侧面开启式弧型合页门，改造成了平面开启式刀片合页门，大大提高料斗门开启与闭合的便利性。图 8—1 所示为改造后的料斗。

图 8—1　改造后的料斗

2. 封锚模具改进

梁体封锚时由于空间小,无法振捣以确保混凝土密实,项目部用 15 mm 厚钢板制作成与锚口相匹配的圆盘,在圆盘一面焊接 3 个直径 18 mm 的螺帽,并在圆盘上焊接两个手柄,制成简易的封锚用模板,改进后,其封锚安装十分方便。

3. 架梁成品梁保护方法改进

T 梁架设落梁过程中,吊梁钢丝绳经常性会在落梁过程中将 T 梁挡砟墙损坏,而且后期修补养护难度高,铺架队多次改进捆梁方法与变动捆梁位置效果并不可观。为此,对保护工法进行了改进,即在吊梁扁担离开 T 梁翼缘板的一瞬间,迅速将方木插入扁担与梁体之间的空隙(图 8—2),使之回向撞击梁体的作用力大大减小。工法改进以后,成品 T 梁挡碴墙混凝土毫无损伤。

图 8—2　插入方木保护梁体挡砟墙

二、将职工利益外延到非洲朋友

在铺架项目工作中,做好属地化管理工作就是代表职工利益、代表非洲朋友利益的具体表现。具体举措如下。

1. 充分利用资源,努力提高属地化管理水平

提高海外属地化管理工作水平是整个项目人力资源管理工作的重点及难点工作,也是中国铁路建筑企业走向海外必须面对的挑战。应从项目初期就把当地雇员管理作为重点,不断在工作中摸索属地化管理水平的经验。属地化管理水平的高低不只体现在当地雇员的数量规模上,还体现在当地高层次雇员在项目高层管理工作中参与度,这也为中国企业走向海外提供长期持久的人力资源保障。

可通过在媒体发布招聘广告,招聘面试当地高级公共关系、人事管理人员以及机械设备

操作手、高级机修工、电焊工等，尝试首先从外联、人事管理工作和 T 梁预制厂、轨枕预制厂提高当地属地化管理水平。随着项目进程深入，从实际工作中进一步考核、发掘真正适合企业需要的高级技术、管理人才。

在实际工作中不断有目的培训当地雇员，促使当地雇员不断成长，为企业所用。另一方面还大力推进当地人管理当地人的管理模式，取得了良好的效果，培养出了一批当地管理人才。

2. 完善制度，加强雇员管理工作

“无规矩不成方圆”，制度是管理的灵魂。为了保证项目当地雇员管理工作高效、合规、合法，并将属地化管理工作做得更到位，应从以下四方面入手：(1)加强自身学习，掌握法律法规；(2)建立可靠的外部咨询渠道，比如总承包商在铁路属地国的办事处、属地国劳工部(或相应职能部门)、律师事务所；(3)将基础工作做细，建立人事管理数据库、员工档案，严格要求各类合规、免责手续，如入职无犯罪证明、离职无纠纷证明；(4)多总结，多与现场管理者、带工者讨论。

3. 加强沟通，保证信息对称性

对外，保证与工会、属地国劳工部(或相应职能部门)、兄弟标段的良好沟通、配合。

对内，一方面通过常态的宣讲、传单、员工手册、公告等，让员工充分了解企业和项目部的人事管理制度，理解管理层的意图，另外，还通过“工人委员会定期会议”等途径充分倾听员工的声音、想法；另一方面，通过安插线人、搜集情报、寻求警方配合等措施，掌握员工暗里的想法、动态、诉求，以对罢工等群体事件做好预防。

第三节　党组织在铁路属地国的社会责任工作实践

一、提升社会责任管理工作水平的意义

主动提升在铁路属地国当地的社会责任管理水平，可以形成与工程管理、技术能力同行并进的优势，保障在铁路建设和运营过程中，为属地国带来更多的综合价值，实现多方合作共赢。系统开展社会责任工作，在驻外企业中具有引领作用。肯尼亚蒙内铁路六标段项目部为例，其以党支部为先锋模范，统筹组织社会责任专项活动，在塑造企业负责担当，融入当地的良好企业形象方面做出了一定的成效。这是新发展理念和发展方式共创与当地合作共赢新局面的积极探索。本节将结合蒙内铁路项目管理中积累的丰富经验介绍社会责任管理的方法和措施。

二、对社会责任的理解

在海外铁路工程项目的实施过程中，应充分考虑项目在设计、建设和运营全过程中的决策和行为对于利益相关方的影响，推动项目的可持续性能力建设，最大程度减少由于项目运营所产生的负面影响，尊重人权，遵守法律法规，符合国际行为规范，落实当地元素，保障项目最大限度地发挥促进经济发展、环境保护和社区关系和谐的作用。

施工单位在搞好项目建设的同时，积极参与当地的各种社会公益活动，一方面促进与当地政府居民的良好关系，有利于促进施工生产的顺利进行；一方面展现中方企业在当地的良好社会形象，为我国与铁路属地国的友谊进一步发展加砖添瓦。

三、社会责任工作典范

肯尼亚蒙内铁路六标段项目部在党支部领导下履行社会责任的几个典型案例：

(1)2014 年 11 月 15 日，参加了项目标段旁一个新建教堂的奠基仪式。该教堂建设由 Makueni 郡土地部副部长 Mtinda 牵头，向当地社会召集募捐。为了社会公益，也为维系当地良好关系、展现项目良好形象，项目部捐款十万肯先令(图 8—3 所示为捐款现场)。

图 8—3　捐款现场

(2)2014 年 11 月 16 日，Mangelete 当地小学师生到 DK241＋300 碎石场生产区进行参观(图 8—4、图 8—5)。本次参观活动，是该校校长提前与项目部商定的，该校学生假期集体实习活动之一。此次参观学习，让当地小学生看到了很多课外知识，丰富了他们的见识阅历。

图 8—4　师生现场参观碎石场

图 8—5　师生参观碎石场后留影

(3)在项目部碎石场生产区西北方向，有一所学校，校舍 12 间，面积约 700 m^2，房屋结构简陋，基本上没有门窗，虽然该学校不在爆破缓冲区范围(距碎石场爆破区 400 m 开外)，但是和碎石生产区距离较近，生产碎石期间大量的灰尘与噪音会对碎石场旁的小学生上课造成影响，项目部与该小学校长、老师及当地教育部负责人商议决定改善该小学学生学习环境，由项目部负责翻新建设校园设施，并给教室安装双层玻璃窗、前后门、硬化地面和粉刷墙面。该小学于 2015 年 1 月 3 日翻新完毕，于 1 月 10 日开学用上了崭新的教室。此举使该校小学生们不再受到噪音和灰尘污染。

(4)项目部本着与村民和睦相处的基础，每天两次定时为附近村民开放取用饮用水资源。此举让当地村民不再为饮用水问题感到困惑，图 8—6 所示为供水现场。

图 8—6　供水现场

(5)2015 年 2 月 20 日,通往 MIANGENI 中学的输水管道突然发生爆裂,全校 500 余名师生面临生活饮水困难,MIANGENI 中学学校师生们向项目部求助。项目部接到求助要求之后,立刻派技术人员赶赴现场,协助当地自来水公司对供水管道进行检修,并利用工地水车为学校储水罐进行蓄水(图 8—7),暂时解决了师生们的用水困难。根据自来水公司的评估,输水管道维修工程将大致持续三周左右,在此期间,项目部对学校定期供水,此举得了该学校全体师生的高度赞扬。

图 8—7　工地水车为学校储水罐进行蓄水

参考文献

[1] 亓进,陈冠宇."一带一路"沿线铁路工程项目属地化管理[J].现代经济信息,2017,(23):151-154.

[2] 中国建筑业协会工程项目管理专业委员会."一带一路"与建筑业走出去战略研究[M].北京:中国建筑工业出版社,2016.

[3] 宣增益."一带一路"战略下我国铁路走出去相关法律及对策研究[M].北京:中国政法大学出版社,2017.

[4] 方远明.中国铁路产业"走出去"战略研究[M].合肥:安徽大学出版社,2010.

[5] 徐鑫,陶元洪,吴振兴,等.混合砂比例对T梁C55混凝土性能的影响[J].建材世界,2018,39(03):10-12.

[6] 唐祖阳,马记,王涛,等.肯尼亚蒙内铁路T形梁天然多孔骨料混凝土研究[J].施工技术,2018,47(03):20-23.

[7] 雷瑜,温欣岚,王晶,等.肯尼亚天然火山灰配制高性能混凝土的性能研究[J].路基工程,2017(03):133-137.

[8] 夏京亮,冯云龙,周永祥,等.肯尼亚天然火山灰质材料对混凝土收缩和徐变性能的影响[J].路基工程,2017(05):1-4.

[9] 胡钊光,夏京亮,裴岩,等.肯尼亚天然火山灰质材料对混凝土凝结特性的影响研究[J].混凝土,2015(09):94-96+100.

[10] 夏京亮,胡钊光,丁立金,等.肯尼亚天然火山灰质材料用于混凝土的技术指标研究[J].施工技术,2015,44(15):56-58.

[11] 冷冬,彭登志、王涛,等.肯尼亚蒙内铁路T梁预制技术[J].现代城市轨道交通,2017.

[12] 马记,张兵,管强,等.肯尼亚蒙内铁路新Ⅱ型轨枕机组流水法预制施工技术[J].中国铁路,2016(09):56-61.

[13] 代赵洁.混凝土轨枕生产中的质量管理研究[J].工程建设与设计,2018(08):219-220.

[14] 丁树清,王鑫.肯尼亚蒙内铁路混凝土轨枕生产工艺改进研究[J].建筑技术开发,2017,44(15):120-121.

[15] 牛遥,张俊存.蒙内铁路预应力混凝土轨枕预制技术及质量控制[J].山西建筑,2017,43(06):157-159.

[16] 孙立强,安爱军,胡钊光,等.海外铁路铺架施工技术与安全风险控制[M].北京:中国铁道出版社,2017.

[17] 莫坤,李菲,马记.高恐袭地区铁路铺架基地设置与安保方案研究[J].国防交通工程与技术,2016,14(06):45-48,22.

[18] 肖立,徐俊东,冷冬.海外铁路铺轨工程施工安全风险控制策略研究[J].铁路节能环保与安全卫生,2016,6(05):256-259.

[19] 中交隧道工程局有限公司.铺轨机轨排拖拉钢丝绳日字型挂钩[P].中国:201620705210.5.2017-01-18.

[20] 中国路桥工程有限责任公司,中交隧道工程局有限公司. 一种架桥机主机临时短轨承载平台[P]. 中国:201620703644.1.2017-02-22.

[21] 陈勇华,唐祖阳. 有砟轨道桥梁上轮轨式架桥机工具轨排关键技术研究[J]. 石家庄铁路职业技术学院学报,2017,16(01):28-32.

[22] 彭绪娟. 我国海外工程项目跨文化管理研究[M]. 成都:西南财经大学出版社,2015.

[23] 刘彩霞. 跨文化交际禁忌习俗文化研究[D]. 成都:四川师范大学,2010.

[24] 迟恒智. 中国路桥的海外雇员属地化管理[J]. 企业管理,2017,(5):27-29.

[25] 魏传光,张斌,胡奇锋. 中国交建公共安全管理实践[J]. 国际工程与劳务,2018,(10):75-78.

[26] 莫坤. 浅谈国际工程企业海外公共安全管理的特点和发展趋势[J]. 海外投资与出口信贷,2017,(4):34-38.

[27] 莫坤. 海外公共安全管理趋势[J]. 国际工程与劳务,2017,(5):51-53.

[28] 梁正宇. 铁路工程项目建设进度风险与控制措施研究[D]. 武汉:湖北工业大学,2016.

[29] 李宏伟. 铁路工程项目施工进度风险研究[D]. 赣州:江西理工大学,2015.

[30] 方捷. 中国企业在非洲社会责任的思考[J]. 当代石油石化,2018,(10):42-47.